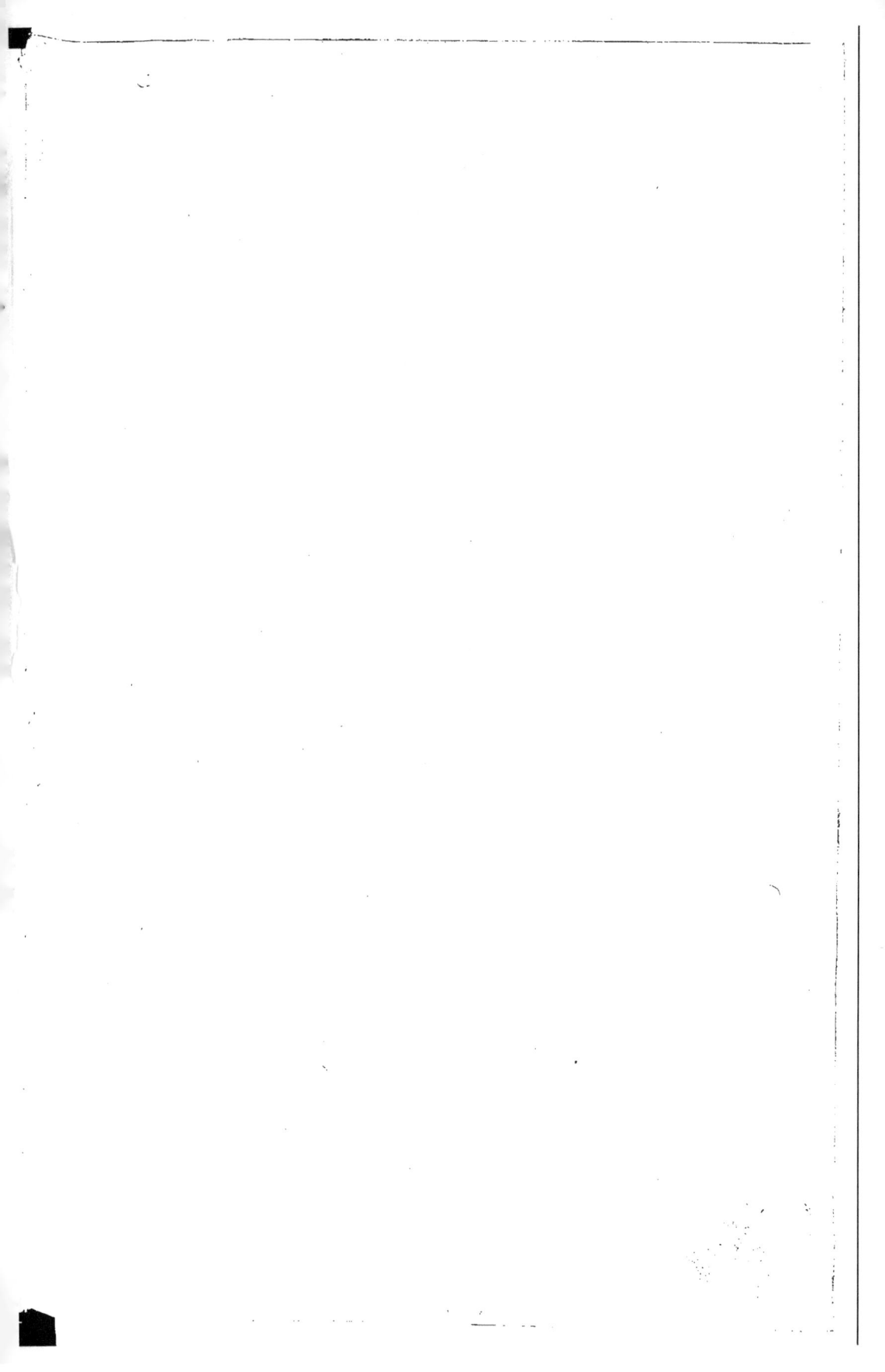

Chaque exemplaire doit être revêtu de la signature de l'auteur.

IMPRIMERIE DE HENNUYER ET TURPIN, RUE LEMERCIER, 24.
Batignolles.

LOI SUR LES PATENTES.

Au palais des Tuileries, le 25 avril 1844.

LOUIS-PHILIPPE, Roi des Français, à tous présents et à venir, SALUT,

Nous avons proposé, les Chambres ont adopté, nous AVONS ORDONNÉ et ORDONNONS ce qui suit :

ARTICLE 1er.

Tout individu, français ou étranger, qui exerce en France un commerce, une industrie, une profession non compris dans les exceptions déterminées par la présente loi, est assujetti à la contribution des patentes.

ARTICLE 2.

La contribution des patentes se compose d'un droit fixe et d'un droit proportionnel.

ARTICLE 3.

Le droit fixe est réglé conformément aux tableaux A, B, C, annexés à la présente loi [1].

Il est établi :

Eu égard à la population et d'après un tarif général, pour les industries et professions énumérées dans le tableau A ;

Eu égard à la population et d'après un tarif exceptionnel, pour les industries et professions portées dans le tableau B ;

Sans égard à la population, pour celles qui font l'objet du tableau C.

ARTICLE 4.

Les commerces, industries et professions non dénommés dans ces tableaux n'en sont pas moins assujettis à la

[1] Le tableau A figure en tête de la page 17. Quant aux professions qui sont indiquées dans les tableaux B et C, elles sont désignées comme l'indique l'observation portée page 18.

patente. Le droit fixe auquel ils doivent être soumis est réglé, d'après l'analogie des opérations ou des objets de commerce, par un arrêté spécial du préfet rendu sur la proposition du directeur des contributions directes, et après avoir pris l'avis du maire.

Tous les cinq ans, des tableaux additionnels contenant la nomenclature des commerces, industries et professions classés par voie d'assimilation, depuis trois années au moins, seront soumis à la sanction législative.

Article 5.

Pour les professions dont le droit fixe varie en raison de la population du lieu où elles sont exercées, les tarifs seront appliqués d'après la population qui aura été déterminée par la dernière ordonnance de dénombrement.

Néanmoins, lorsque ce dénombrement fera passer une commune dans une catégorie supérieure à celle dont elle faisait précédemment partie, l'augmentation du droit fixe ne sera appliquée que pour moitié pendant les cinq premières années.

Article 6.

Dans les communes dont la population totale est de 5,000 âmes et au-dessus, les patentables exerçant dans la banlieue des professions imposées eu égard à la population, payeront le droit fixe d'après le tarif applicable à la population non agglomérée.

Les patentables exerçant lesdites professions dans la partie agglomérée payeront le droit fixe d'après le tarif applicable à la population totale.

Article 7.

Le patentable qui exerce plusieurs commerces, industries ou professions, même dans plusieurs communes différentes, ne peut être soumis qu'à un seul droit fixe.

Ce droit est toujours le plus élevé de ceux qu'il aurait à payer s'il était assujetti à autant de droits fixes qu'il exerce de professions.

ARTICLE 8.

Le droit proportionnel est fixé au vingtième de la valeur locative pour toutes les professions imposables, sauf les exceptions énumérées au tableau D annexé à la présente loi [1].

ARTICLE 9.

Le droit proportionnel est établi sur la valeur locative, tant de la maison d'habitation que des magasins, boutiques, usines, ateliers, hangars, remises, chantiers et autres locaux servant à l'exercice des professions imposables.

Il est dû, lors même que le logement et les locaux occupés sont concédés à titre gratuit.

La valeur locative est déterminée, soit au moyen de baux authentiques, soit par comparaison avec d'autres locaux dont le loyer aura été régulièrement constaté, ou sera notoirement connu, et, à défaut de ces bases, par voie d'appréciation.

Le droit proportionnel pour les usines et les établissements industriels est calculé sur la valeur locative de ces établissements, pris dans leur ensemble et munis de tous leurs moyens matériels de production.

ARTICLE 10.

Le droit proportionnel est payé dans toutes les communes où sont situés les magasins, boutiques, usines, ateliers, hangars, remises, chantiers et autres locaux servant à l'exercice des professions imposables.

Si, indépendamment de la maison où il fait sa résidence habituelle et principale, et qui, dans tous les cas, sauf l'exception ci-après, doit être soumise au droit proportionnel, le patentable possède, soit dans la même commune, soit dans des communes différentes, une ou

---

[1] Le tableau D n'est qu'un tableau de réserves quant à l'application des droits proportionnels, et ces réserves ont été rigoureusement observées, au Tarif, pour chacune des professions comprises audit tableau.

plusieurs maisons d'habitation, il ne paye le droit proportionnel que pour celles de ces maisons qui servent à l'exercice de sa profession.

Si l'industrie pour laquelle il est assujetti à la patente ne constitue pas sa profession principale, et s'il ne l'exerce pas par lui-même, il ne paye le droit proportionnel que sur la maison d'habitation de l'agent préposé à l'exploitation.

ARTICLE 11.

Le patentable qui exerce dans un même local, ou dans des locaux non distincts, plusieurs industries ou professions passibles d'un droit proportionnel différent, paye ce droit d'après le taux applicable à la profession pour laquelle il est assujetti au droit fixe.

Dans le cas où les locaux sont distincts, il ne paye pour chaque local que le droit proportionnel attribué à l'industrie ou à la profession qui y est spécialement exercée.

Dans ce dernier cas, le droit proportionnel n'en demeure pas moins établi sur la maison d'habitation, d'après le taux applicable à la profession pour laquelle le patentable est imposé au droit fixe.

ARTICLE 12.

Dans les communes dont la population est inférieure à vingt mille âmes, mais qui, en vertu d'un nouveau dénombrement, passent dans la catégorie des communes de vingt mille âmes et au-dessus, les patentables des septième et huitième classes ne seront soumis au droit proportionnel que dans le cas où une seconde ordonnance de dénombrement aura maintenu lesdites communes dans la même catégorie.

ARTICLE 13.

Ne sont pas assujettis à la patente :

1° Les fonctionnaires et employés salariés, soit par l'État, soit par les administrations départementales ou

communales, en ce qui concerne seulement l'exercice
de leurs fonctions;

2° Les notaires, les avoués, les avocats au Conseil, les
greffiers, les commissaires-priseurs, les huissiers;

3° Les avocats;

Les docteurs en médecine ou en chirurgie, les officiers
de santé, les sages-femmes et les vétérinaires;

Les peintres, sculpteurs, graveurs et dessinateurs considérés comme artistes, et ne vendant que le produit de
leur art;

Les architectes considérés comme artistes, ne se livrant
pas, même accidentellement, à des entreprises de con-
struction;

Les professeurs de belles-lettres, sciences et arts d'a-
grément; les chefs d'institution, les maîtres de pension;
les instituteurs primaires;

Les éditeurs de feuilles périodiques;

Les artistes dramatiques;

4° Les laboureurs et cultivateurs, seulement pour la
vente et la manipulation des récoltes et fruits provenant
des terrains qui leur appartiennent ou par eux exploités,
et pour le bétail qu'ils y élèvent, qu'ils y entretiennent
ou qu'ils y engraissent;

Les concessionnaires de mines pour le seul fait de l'ex-
traction et de la vente des matières par eux extraites;

Les propriétaires ou fermiers des marais salants;

Les propriétaires ou locataires louant accidentellement une partie de leur habitation personnelle;

Les pêcheurs, même lorsque la barque qu'ils montent
leur appartient;

5° Les associés en commandite, les caisses d'épargne et
de prévoyance administrées gratuitement, les assurances
mutuelles régulièrement autorisées;

6° Les capitaines de navire de commerce ne naviguant
pas pour leur compte;

Les cantiniers attachés à l'armée;

Les écrivains publics;

Les commis et toutes les personnes travaillant à gages, à façon et à la journée, dans les maisons, ateliers et boutiques des personnes de leur profession, ainsi que les ouvriers travaillant chez eux ou chez les particuliers, sans compagnons, apprentis, enseigne ni boutique. Ne sont point considérés comme compagnons ou apprentis, la femme travaillant avec son mari, ni les enfants non mariés travaillant avec leurs père et mère, ni le simple manœuvre dont le concours est indispensable à l'exercice de la profession;

Les personnes qui vendent en ambulance dans les rues, dans les lieux de passage et dans les marchés, soit des fleurs, de l'amadou, des balais, des statues et figures en plâtre, soit des fruits, des légumes, des poissons, du beurre, des œufs, du fromage et autres menus comestibles;

Les savetiers, les chiffonniers au crochet, les porteurs d'eau à la bretelle ou avec voiture à bras, les rémouleurs ambulants, les gardes-malades.

Article 14.

Tous ceux qui vendent en ambulance des objets non compris dans les exemptions déterminées par l'article précédent, et tous marchands sous échoppe ou en étalage, sont passibles de la moitié des droits que payent les marchands qui vendent les mêmes objets en boutique. Toutefois cette disposition n'est pas applicable aux bouchers, épiciers et autres marchands ayant un étal permanent ou occupant des places fixes dans les halles et marchés.

Article 15.

Les mari et femme séparés de biens ne doivent qu'une patente, à moins qu'ils n'aient des établissements distincts, auquel cas chacun d'eux doit avoir sa patente et payer séparément les droits fixes et proportionnels.

Article 16.

Les patentes sont personnelles et ne peuvent servir qu'à ceux à qui elles sont délivrées. En conséquence les associés en nom collectif sont tous assujettis à la patente.

Toutefois l'associé principal paye seul le droit fixe en entier : les autres associés ne sont imposés qu'à la moitié de ce droit, même quand ils ne résident pas tous dans la même commune que l'associé principal.

Le droit proportionnel est établi sur la maison d'habitation de l'associé principal, et sur tous les locaux qui servent à la société pour l'exercice de son industrie.

La maison d'habitation de chacun des autres associés est affranchie du droit proportionnel, à moins qu'elle ne serve à l'exercice de l'industrie sociale.

Article 17.

Les sociétés ou compagnies anonymes ayant pour but une entreprise industrielle ou commerciale, sont imposées à un seul droit fixe sous la désignation de l'objet de l'entreprise, sans préjudice du droit proportionnel.

La patente assignée à ces sociétés ne dispense aucun des sociétaires ou actionnaires du payement des droits de patente auxquels ils pourraient être personnellement assujettis pour l'exercice d'une industrie particulière.

Article 18.

Tout individu transportant des marchandises de commune en commune, lors même qu'il vend pour le compte de marchands ou fabricants, est tenu d'avoir une patente personnelle, qui est, selon les cas, celle de colporteur avec balle, avec bêtes de somme ou avec voiture.

Article 19.

Les commis voyageurs des nations étrangères seront traités, relativement à la patente, sur le même pied que les commis voyageurs français chez ces mêmes nations.

ARTICLE 20.

Les contrôleurs des contributions directes procéderont annuellement au recensement des imposables et à la formation des matrices de patentes.

Le maire sera prévenu de l'époque de l'opération du recensement, et pourra assister le contrôleur dans cette opération, ou se faire représenter, à cet effet, par un délégué.

En cas de dissentiment entre les contrôleurs et les maires ou leurs délégués, les observations contradictoires de ces derniers seront consignées dans une colonne spéciale.

La matrice, dressée par le contrôleur, sera déposée, pendant dix jours, au secrétariat de la mairie, afin que les intéressés puissent en prendre connaissance, et remettre au maire leurs observations. A l'expiration d'un second délai de dix jours, le maire, après avoir consigné ses observations sur la matrice, l'adressera au sous-préfet.

Le sous-préfet portera également ses observations sur la matrice, et la transmettra au directeur des contributions directes, qui établira les taxes conformément à la loi, pour tous les articles non contestés. A l'égard des articles sur lesquels le maire ou le sous-préfet ne sera pas d'accord avec le contrôleur, le directeur soumettra les contestations au préfet avec son avis motivé. Si le préfet ne croit pas devoir adopter les propositions du directeur, il en sera référé au ministre des finances.

Le préfet arrête les rôles et les rend exécutoires.

A Paris, l'examen de la matrice des patentes aura lieu pour chaque arrondissement municipal, par le maire, assisté soit de l'un des membres de la commission des contributions, soit de l'un des agents attachés à cette commission, délégué à cet effet par le préfet.

ARTICLE 21.

Les patentés qui réclameront contre la fixation de leurs

taxes seront admis à prouver la justice de leurs réclamations, par la représentation d'actes de société légalement publiés, de journaux et livres de commerce régulièrement tenus, et par tous autres documents.

ARTICLE 22.

Les réclamations en décharge ou réduction, et les demandes en remise ou modération, seront communiquées aux maires : elles seront d'ailleurs présentées, instruites et jugées dans les formes et délais prescrits pour les autres contributions directes.

ARTICLE 23.

La contribution des patentes est due pour l'année entière, par tous les individus exerçant au mois de janvier une profession imposable.

En cas de cession d'établissement, la patente sera, sur la demande du cédant, tansférée à son successeur; la mutation de cote sera réglée par arrêté du préfet.

En cas de fermeture des magasins, boutiques et ateliers par suite de décès ou de faillite déclarée, les droits ne seront dus que pour le passé et le mois courant. Sur la réclamation des parties intéressées, il sera accordé décharge du surplus de la taxe.

Ceux qui entreprennent, après le mois de janvier, une profession sujette à patente, ne doivent la contribution qu'à partir du 1er du mois dans lequel ils ont commencé d'exercer, à moins que, par sa nature, la profession ne puisse pas être exercée pendant toute l'année. Dans ce cas, la contribution sera due pour l'année entière, quelle que soit l'époque à laquelle la profession aura été entreprise.

Les patentés qui, dans le cours de l'année, entreprennent une profession d'une classe supérieure à celle qu'ils exerçaient d'abord, ou qui transportent leur établissement dans une commune d'une plus forte population, sont tenus de payer au prorata un supplément de droit fixe.

Il est également dû un supplément de droit proportionnel par les patentables qui prennent des maisons ou locaux d'une valeur locative supérieure à celle des maisons ou locaux pour lesquels ils ont été primitivement imposés, et par ceux qui entreprennent une profession passible d'un droit proportionnel plus élevé.

Les suppléments seront dus à compter du 1er du mois dans lequel les changements prévus par les deux derniers paragraphes auront été opérés.

ARTICLE 24.

La contribution des patentes est payable par douzième, et le recouvrement en est poursuivi comme celui des contributions directes : néanmoins les marchands forains, les colporteurs, les directeurs de troupes ambulantes, les entrepreneurs d'amusements et jeux publics non sédentaires, et tous autres patentables dont la profession n'est pas exercée à demeure fixe, sont tenus d'acquitter le montant total de leur cote, au moment où la patente leur est délivrée.

Dans le cas où le rôle n'est émis que postérieurement au 1er mars, les douzièmes échus ne sont pas immédiatement exigibles : le recouvrement en est fait par portions égales, en même temps que celui des douzièmes non échus.

ARTICLE 25.

En cas de déménagement hors du ressort de la perception, comme en cas de vente volontaire ou forcée, la contribution des patentes sera immédiatement exigible en totalité.

Les propriétaires, et à leur place, les principaux locataires qui n'auront pas, un mois avant le terme fixé par le bail ou par les conventions verbales, donné avis au percepteur du déménagement de leurs locataires, seront responsables des sommes dues par ceux-ci pour la contribution des patentes.

Dans le cas de déménagements furtifs, les propriétaires, et, à leur place, les principaux locataires, deviendront responsables de la contribution de leurs locataires, s'ils n'ont pas, dans les trois jours, donné avis du déménagement au percepteur.

La part de la contribution laissée à la charge des propriétaires ou principaux locataires par les paragraphes précédents, comprendra seulement le dernier douzième échu et le douzième courant, dus par le patentable.

Article 26.

Les formules de patentes sont expédiées par le directeur des contributions directes sur des feuilles timbrées de un franc vingt-cinq centimes. Le prix du timbre est acquitté en même temps que le premier douzième des droits de patente.

Les formules de patentes sont visées par le maire et revêtues du sceau de la commune.

Article 27.

Tout patentable est tenu d'exhiber sa patente lorsqu'il en est requis par les maires, adjoints, juges de paix, et tous autres officiers ou agents de police judiciaire.

Article 28.

Les marchandises mises en vente par les individus non munis de patentes, et vendant hors de leur domicile, seront saisies ou séquestrées aux frais du vendeur, à moins qu'il ne donne caution suffisante jusqu'à la représentation de la patente ou la production de la preuve que la patente a été délivrée. Si l'individu non muni de patente exerce au lieu de son domicile, il sera dressé un procès-verbal qui sera transmis immédiatement aux agents des contributions directes.

ARTICLE 29.

Nul ne pourra former de demande, fournir aucune exception ou défense en justice, ni faire aucun acte ou signification extrajudiciaire pour tout ce qui sera relatif à son commerce, sa profession ou son industrie, sans qu'il soit fait mention, en tête des actes, de sa patente, avec désignation de la date, du numéro et de la commune où elle aura été délivrée, à peine d'une amende de vingt-cinq francs, tant contre les particuliers sujets à la patente que contre les officiers ministériels qui auraient fait et reçu lesdits actes sans mention de la patente. La condamnation à cette amende sera poursuivie, à la requête du procureur du Roi, devant le tribunal civil de l'arrondissement.

Le rapport de la patente ne pourra suppléer au défaut de l'énonciation, ni dispenser de l'amende prononcée.

ARTICLE 30.

Les agents des contributions directes peuvent, sur la demande qui leur en est faite, délivrer des patentes avant l'émission du rôle, après toutefois que les requérants ont acquitté entre les mains du percepteur les douzièmes échus, s'il s'agit d'individus domiciliés dans le ressort de la perception, ou la totalité des droits, s'il s'agit des patentables désignés en l'article 24 ci-dessus, ou d'individus étrangers au ressort de la perception.

ARTICLE 31.

Le patenté qui aura égaré sa patente ou qui sera dans le cas d'en justifier hors de son domicile pourra se faire délivrer un certificat par le directeur ou par le contrôleur des contributions directes. Ce certificat fera mention des motifs qui obligent le patenté à le réclamer, et devra être sur papier timbré.

ARTICLE 32.

Il est ajouté au principal de la contribution des patentes

cinq centimes par franc, dont le produit est destiné à couvrir les décharges, réductions, remises et modérations, ainsi que les frais d'impression et d'expédition des formules des patentes.

En cas d'insuffisance des cinq centimes, le montant du déficit est prélevé sur le principal des rôles.

Il est en outre prélevé sur le principal huit centimes, dont le produit est versé dans la caisse municipale.

ARTICLE 33.

Les contributions spéciales destinées à subvenir aux dépenses des bourses et chambres de commerce, et dont la perception est autorisée par l'article 11 de la loi du 23 juillet 1820, seront réparties sur les patentables des trois premières classes du tableau A annexé à la présente loi, et sur ceux désignés dans les tableaux B et C, comme passibles d'un droit fixe égal ou supérieur à celui desdites classes.

Les associés des établissements compris dans les classes et tableaux susdésignés contribueront aux frais des bourses et chambres de commerce.

ARTICLE 34.

La contribution des patentes sera établie conformément à la présente loi, à partir du 1er janvier 1845.

ARTICLE 35.

Toutes les dispositions contraires à la présente loi seront et demeureront abrogées, à partir de la même époque, sans préjudice des lois et des règlements de police qui sont ou pourront être faits.

La présente loi, discutée, délibérée et adoptée par la Chambre des pairs et par celle des députés, et sanctionnée par nous cejourd'hui, sera exécutée comme loi de l'Etat.

DONNONS EN MANDEMENT à nos Cours et Tribunaux, Préfets, Corps administratifs, et tous autres, que les présentes ils gardent et maintiennent, fassent garder, observer et maintenir, et, pour les rendre plus notoires à tous, ils les fassent publier et enregistrer partout où besoin sera; et, afin que ce soit chose ferme et stable à toujours, nous y avons fait mettre notre sceau.

Fait au palais des Tuileries, le 25ᵉ jour du mois d'avril, l'an 1844.

Signé LOUIS-PHILIPPE.

Par le Roi :

Le Ministre Secrétaire d'État au département des finances,

Signé LAPLAGNE.

Vu et scellé du grand sceau :

Le garde des sceaux de France, Ministre Secrétaire d'État au département de la justice et des cultes,

Signé N. MARTIN (du Nord).

TABLEAU A.

Tarif général des Professions imposées eu égard à la population.

CLASSES.	DE 100,000 âmes et au-dessus.	DE 50,000 à 100,000	DE 30,000 à 50,000	DE 20,000 à 30,000	DE 10,000 à 20,000	DE 5,000 à 10,000	DE 2,000 à 5,000	DE 2,000 âmes et au-dessous.
	fr.	fr.	fr.	fr.	fr.	fr.	fr.	fr.
1re	300	240	180	120	80	60	45	35
2e	150	120	90	60	45	40	30	25
3e	100	80	60	40	30	25	22	18
4e	75	60	45	30	25	20	18	12
5e	50	40	30	20	15	12	9	7
6e	40	32	24	16	10	8	6	4
7e	20	16	12	8	*8	*5	*4	*3
8e	12	10	8	6	*5	*4	*3	*2

Le signe * veut dire : exemption du droit proportionnel.

Sont réputés :

Marchands en gros, ceux qui vendent habituellement aux marchands en demi-gros et aux marchands en détail;

Marchands en demi-gros, ceux qui vendent habituellement aux détaillants et aux consommateurs;

Marchands en détail, ceux qui ne vendent habituellement qu'aux consommateurs.

DROIT FIXE.

Le droit fixe est établi eu égard à la population et d'après un tarif général pour les professions et industries énumérées dans le tableau A, ci-avant, page 17. Quant au chiffre des droits fixes applicables aux professions comprises dans les tableaux B et C de la loi, il est porté, au présent tarif, dans la colonne des classes, et ainsi désigné : 5o fr., $\overset{\text{fixe.}}{ }$

$\overset{\text{fixe.}}{ }$
100 fr., etc., etc.

DROIT PROPORTIONNEL.

Le droit proportionnel est établi sur la valeur locative. — Voir les articles 8, 9, 10, 11 et 12 de la loi.

Nota. Tous les droits proportionnels ainsi désignés au présent Tarif : $\frac{20^e}{25}$, $\frac{20^e}{40}$, $\frac{20^e}{50}$, en regard desquels il n'y aura pas d'explications, devront être appliqués comme suit :

Au 20e, 1° Sur la maison d'habitation;

2° Sur les magasins de vente complétement séparés de l'établissement;

Aux $\left\{ \begin{array}{l} 25^e \\ 40^e \\ 5o^e \end{array} \right\}$ sur l'établissement industriel.

PROFESSIONS.	CLASSES et DROITS fixes.	DROITS proportionnels.	OBSERVATIONS.
Abattoir public [Concessionnaire ou fermier d'].	2	20e	Proportionnel sur le loyer d'habitation seulement.
Accordeur de pianos, harpes et autres instruments.	7	40e	
Accouchement [Chef de maison d']	5	$\frac{20e}{40}$	Au 20e sur le loyer d'habitation; au 40e sur les locaux servant à l'exercice de la profession.
Accoutreur.	8	40e	
Acheveur en métaux.	7	40e	
Acier fondu, ou acier de cémentation [Fabrique d'], ayant 3 ouvriers et au-dessous. . Et 3 fr. par chaque ouvrier en sus, jusqu'au maximum de 300 fr.	fixe. 15 f.	$\frac{20e}{40}$	Proportel au 20e : 1º Sur la maison d'habitation; 2º Sur les magasins de vente complétement séparés de l'établissem. Au 40e sur l'établissement industriel.
Ce droit sera réduit de moitié pour les fabriques qui sont forcées de chômer, par crue ou par manque d'eau, pendant une partie de l'année, équivalente au moins à quatre mois.			
Acier naturel [Fabrique d'].	»	»	Voir *Forges* et *Hauts fourneaux.*
Acier poli [Fabricant d'objets en] pour son compte.	5	20e	
Acier poli [Fabricant d'objets en] à façon. . . .	7	40e	
Affiches [Entrepreneur de la pose et de la conservation des].	6	20e	
Affiloirs [Marchand d']	8	40e	
Affineur d'or, d'argent ou de **platine.** . . .	3	20e	
Affinage de métaux autres que l'or, l'argent et le platine.	5	20e	
Agaric [Marchand d'].	6	20e	

PROFESSIONS.	CLASSES et DROITS fixes.	DROITS proportionnels.	OBSERVATIONS.
Agence, ou bureau d'affaires [Directeur d'].	4	20e	
Agent de change.	fixe.		
A Paris	1000 f.	15e	
Dans les villes de cent mille âmes et au-dessus	250 f.	15e	
De cinquante mille à cent mille âmes . . .	200 f.	15e	
De trente mille à cinquante mille, et dans les villes de quinze mille à trente mille âmes qui ont un entrepôt réel. . . .	150 f.	15e	
Dans les villes de quinze mille à trente mille âmes, et dans les villes d'une population inférieure à quinze mille âmes qui ont un entrepôt réel.	100 f.	15e	
Dans toutes les autres communes. . . .	75 f.	15e	
Agent dramatique.	6	20e	
Agneaux [Marchand d'].	»	»	Voir *Moutons.*
	fixe.		
Agrafes [Fabrique d'], par procédés mécaniques.	50 f.	$\frac{20e}{40}$	
Agrafes [Fabricant d'], par les procédés ordinaires (pour son compte).	5	20e	
Agrafes [Fabricant d'], par procédés ordinaires, à façon	8	40e	
Agréeur.	3	20e	
Aiguilles à coudre ou à faire des bas, par procédés ordinaires, fabricant pour son compte.	fixe. 25 f.	$\frac{20e}{25}$	Proport¹ au 20e : 1º Sur le loyer d'habitation ; 2º Sur les magasins de vente complétem. séparés de l'établiss. Au 25e sur l'établiss. industriel.
Aiguilles à coudre, ou à tricoter, ou pour métiers à faire des bas, par procédés mécaniques [Manufacture d'], ayant cinq ouvriers et au-dessous. . . . . Plus, 3 fr. par ouvrier en sus, jusqu'au maximum de 300 fr.	fixe. 25 f.	$\frac{20e}{40}$	

PROFESSIONS.	CLASSES et DROITS fixes.	DROITS propor- tionnels.	OBSERVATIONS.
Aiguilles à coudre et à tricoter [Marchand d'] en gros.	1	15e	
Aiguilles à coudre et à tricoter [Marchand d'] en demi-gros.	2	20e	
Aiguilles à coudre et à tricoter [Marchand d'] en détail.	4	20e	
Aiguilles, clefs et autres petits objets pour montres ou pendules [Fabricant d'], pour son compte.	6	20e	
Aiguilles, clefs et autres petits objets pour montres ou pendules [Fabricant d'], à façon.	8	40e	
Aiguilles à coudre ou à faire des bas, par procédés ordinaires [Fabricant d'], à façon. .	8	40e	
Aiguilles pour les métiers à faire des bas [Monteur d'].	8	40e	
Alambics et autres grands vaisseaux en cuivre [Fabricant ou marchand d']	4	20e	
Albâtre [Fabricant ou marchand d'objets en]. . .	5	20e	
Alevin [Marchand d'].	7	40e	
Alléges [Maître d'].	7	40e	
Allumettes chimiques [Fabricant et marchand d'].	6	20e	
Allumettes et amadou [Fabricant et marchand d'].	8	40e	
Almanachs, ou Annuaires [Éditeur propriétaire d'].	5	20e	
Amadou [Fabricant et marchand d'].	»	»	Voir *Allumettes*.

PROFESSIONS.	CLASSES et DROITS fixes.	DROITS proportionnels.	OBSERVATIONS.
Ambulants [Marchands].	exempts.		

Ceux qui vendent dans les rues et dans les marchés, soit des fleurs, de l'amadou, des balais, des statues et figures en plâtre, soit des fruits, des légumes, des poissons, du beurre, des œufs, du fromage et autres menus comestibles.

Tous ceux qui vendent en ambulance des objets non compris dans les exemptions ci-dessus, et tous marchands sous échoppe ou en étalage, sont passibles de la moitié des droits que payent les marchands qui vendent les mêmes objets en boutiques. Toutefois, cette disposition n'est pas applicable aux bouchers, épiciers et autres marchands ayant un étal permanent ou occupant des places fixes dans les halles et marchés. (Art. 15 de la loi du 25 avril 1844.)

PROFESSIONS	CLASSES et DROITS fixes	DROITS proportionnels	OBSERVATIONS
Amidon [Fabrique d'], ayant dix ouvriers et au-dessous.	fixe. 25 f.	$\frac{20\text{p}}{25}$	
Et 3 fr. par chaque ouvrier en sus, jusqu'au maximum de 200 fr.			
Anatomie [Fabricant de pièces d'].	6	20e	
Anatomie [Tenant un cabinet d'].	6	20e	
Anchois [Saleur d'].	4	20e	
Anes [Marchand d'].	6	20e	
Anes [Loueur d'].	7	40e	
Annonces et avis divers [Entrepreneur d'insertions d'].	6	20e	
Annuaire [Editeur propriétaire d'].	»	»	Voir *Almanachs*.
Apparaux [Maître d'].	4	20e	
Appareils et ustensiles pour l'éclairage au gaz [Fabricant d'].	5	20e	
Appeaux pour la chasse [Fabricant d']. . .	8	40e	

PROFESSIONS.	CLASSES et DROITS fixes.	DROITS proportiounels.	OBSERVATIONS.
Appréciateur au Mont-de-Piété	4	20e	
Appréciateur d'objets d'art.	6	20e	
Apprêteur de barbes ou fanons de baleine. . . .	7	40e	
Apprêteur de bas et autres objets de bonneterie.	7	40e	
Apprêteur de chapeaux de feutre	8	40e	
Apprêteur de chapeaux de paille	5	20e	
Apprêteur d'étoffes pour les fabriques ayant cinq ouvriers et au-dessous . . . . Et 3 fr. par ouvrier en sus, jusqu'au maximum de 150 fr.	fixe. 25 f.	$\frac{20e}{50}$	Proportel au 20e : 1° Sur la maison d'habitation ; 2° Sur les magasins de vente complétement séparés de l'établissement. Au 50e sur l'établissem. industriel.
Aprêteur d'étoffes pour les particuliers	5	20e	
Apprêteur de peaux.	6	20e	
Apprêteur de plumes, laines, duvets et autres objets de literie	6	20e	
Approprieur de chapeaux.	8	40e	
Archets [Fabricant d']	7	40e	
Architecte ne se livrant jamais à aucune entreprise de construction.	exempt.		
Arçonneur.	8	40e	
Ardoisières [Exploitant d'], ayant dix ouvriers et au-dessous. . . . . Et trois fr. par chaque ouvrier en sus, jusqu'au maximum de 400 fr.	fixe. 25 f.	$\frac{20e}{25}$	
Ardoises. Marchand en gros ; celui qui expédie par bateaux et voitures.	3	20e	

PROFESSIONS.	CLASSES et DROITS fixes.	DROITS propor- tionnels.	OBSERVATIONS.
Ardoises [Marchand d']. Celui qui vend par millier aux maçons et aux entrepreneurs de bâtiments.	6	20e	
Argent [Marchand d'].	»	»	Voir *Or*.
Argenteur et Argentures.	»	»	Voir *Doreur* et *Dorures*.
Armateur pour le long cours. 40 cent. par chaque tonneau, jusqu'au maximum de 400 fr.	»	15e	
Armateur pour le grand et le petit cabotage, la pêche de la baleine et celle de la morue. 25 cent. par chaque tonneau, jusqu'au maximum de 400 fr.	»	15e	
Armes [Manufactures d'] de guerre.	fixe. 400 f.	$\frac{20e}{40}$	
Armes blanches [Fabrique d'].	fixe. 100 f.	$\frac{20e}{40}$	
Armurier.	5	20e	
Armurier rhabilleur.	7	40e	
Armurier à façon.	7	40e	
Arpenteur.	7	40e	
Arrimeur.	6	20e	
Arrosage [Entreprise générale d'].	»	»	Voir *Entreprise* d'.
Arrosage [Entreprise particulière d'].	6	20e	
Artificier.	6	20e	
Artiste en cheveux.	8	40e	

PROFESSIONS.	CLASSES et DROITS fixes.	DROITS proportionnels.	OBSERVATIONS.
Artiste dramatique.	exempt.		
Assembleur.	8	40e	
Associé en commandite.	exempt.		Voir, pour tous les autres associés, l'article 16 de la loi.
Assurances. non mutuelles, dont les opérations s'étendent à :	fixe.		
1º Plus de 20 départements. . . .	1000 f.	15e	
2º De 6 à 20 départements.	500 f.	15e	
3º A moins de six départements. . .	300 f.	15e	
Assurances mutuelles.	exemptes.		
Attelles pour colliers de bêtes de trait [Fabricant et marchands d'.]	7	40e	
Aubergiste.	4	20e	
Aubergiste ne logeant qu'à cheval.	5	20e	
Avironnier.	7	40e	
Avocat.	exempt.		
Avoué.	exempt.		
Bacs [Fermier de], pour un fermage de 1,000 fr. et au-dessus.	4	20e	Proportionnel sur le loyer d'habitation seulement.
Bacs [Fermier de] pour un prix de fermage au-dessous de 1,000 fr.	6	20e	dito.
Badigeonneur.	7	40e	
Baies de genièvre [Marchand de]	6	20e	
Bains publics [Entrepreneur de].	5	$\frac{20e}{40}$	Au 20e sur le loyer d'habitation ; au 40e sur les locaux serv. à l'exercice de la profession.
Bains de rivière en pleine eau. [Entrepreneur de]	6	$\frac{20e}{40}$	dito. dito.

PROFESSIONS.	CLASSES et DROITS fixes.	DROITS propor-tionnels.	OBSERVATIONS.
Balanciers [Marchand de].	5	20e	
Balancier [Fabricant], pour son compte.	6	20e	
Balancier [Fabricant], à façon.	7	40e	
Balais de bouleau, de bruyère et de grand mil-let [Marchand de], avec voitures ou bêtes de somme.	8	40e	
Balançons [Marchand de].	6	20e	
Balayage [Entreprise générale de].	»	»	Voir *Entreprise de.*
Balayage [Entreprise partielle de].	6	20e	
Baleines [Marchand de brins de].	4	20e	
Bals publics [Entrepreneur de]. . . , ...	5	20e	
Ballons pour lampes [Fabricant de], pour son compte.	7	40e	
Ballons pour lampes [Fabricant de], à façon. . .	8	40e	
Bandagiste.	6	20e	
Bandagiste à façon.	7	40e	
Banque de France, y compris des comptoirs.	fixe. 10000 f.	15e	
Banque dans les départements, ayant un capital de deux millions et au-dessous.	fixe. 1000 f.	15e	
Par chaque million de capital en sus, 200 francs, jusqu'au maximum de 2,000 fr.			

PROFESSIONS.	CLASSES et DROITS fixes.	DROITS proportionnels.	OBSERVATIONS.
Banquier	fixe.		
A Paris.	1000 f.	15e	
Dans les villes d'une population de cinquante mille âmes et au-dessus. . . .	500 f.	15e	
Dans les villes de trente mille à cinquante mille âmes, et dans celles de quinze mille à trente mille âmes, qui ont un entrepôt réel.	400 f.	15e	
Dans les villes de quinze mille à trente mille âmes, et dans les villes d'une population inférieure à quinze mille âmes, qui ont un entrepôt réel. . . .	300 f.	15e	
Dans toutes les autres communes. . . .	200 f.	15e	
Baquets en sapin [Fabricant de].	»	»	Voir *Seaux.*
Barbier	8	40e	
Bardeaux [Marchand de].	6	20e	
Bardeaux [Fabricant de], pour son compte. . .	7	40e	
Bardeaux [Fabricant de], à façon	8	40e	
Baromètres [Fabricant ou marchand de]. . . .	6	20e	
Barques, bateaux ou canots [Constructeur de] . .	6	20e	
Barriques.	»	»	Voir *Cuves.*
Bas et bonneterie [Marchand de] en gros. . .	1	15e	
Bas et bonneterie [Marchand de] en demi-gros.	2	20e	
Bas et bonneterie [Marchand de] en détail. .	4	20e	
Bateaux à laver [Exploitant de].	6	20e	
Bateaux et paquebots à vapeur, pour le transport des voyageurs [Entreprise de].	fixe.		
1° Pour voyages de long cours.	300 f.	15e	
2° Sur fleuves, rivières, et le long des côtes.	200 f.	15e	

PROFESSIONS.	CLASSES et DROITS fixes.	DROITS proportionnels.	OBSERVATIONS.
Bateaux et paquebots à vapeur, pour le transport des marchandises [Entreprise de].	fixe. 200 f.	15e	
Bateaux à vapeur remorqueurs [Entreprise de].	fixe. 150 f.	15e	
Batelier.	8	40e	
Bâtier.	7	40e	
Bâtiments [Entrepreneur de].	3	20e	
Bâtonnier.	8	40e	
Battendier.	6	20e	
Batteur de bois de teinture.	6	20e	
Batteur d'écorce.	6	20e	
Batteur de graine de trèfle.	6	20e	
Batteur d'or et d'argent.	6	20e	
Battoirs de paume [Fabricant de].	7	40e	
Baudelier.	8	40e	
Baudruche [Apprêteur de].	6	20e	
Baugeur.	7	40e	
Bazar de voitures [Tenant].	3	20e	
Beurre frais ou salé [Marchand de] en gros.	1	15e	
Beurre frais ou salé [Marchand de] en détail.	6	20e	
Bière [Marchand ou débitant de].	6	20e	
Bijoutier [Marchand fabricant], ayant atelier et magasin.	2	20e	

PROFESSIONS.	CLASSES et DROITS fixes.	DROITS proportionnels.	OBSERVATIONS.
Bijoutier [Marchand], n'ayant point d'atelier.	3	20e	
Bijoutier [Fabricant], pour son compte, sans magasin.	5	20e	
Bijoutier à façon.	7	40e	
Bijoutier en faux [Fabricant], pour son compte.	6	20e	
Bijoux en faux [Marchand de].	5	20e	
Bijoutier en faux [Fabricant], à façon.	7	40e	
Billards [Fabricant de], ayant magasin	4	20e	
Billards [Fabricant de], sans magasin.	6	20e	
Bimbelotier [Marchand] en gros.	3	20e	
Bimbelotier [Marchand] en détail.	7	40e	
Bimbeloterie [Fabricant d'objets de], sans boutique ni magasin.	7	40e	
Biscuit de mer [Fabrique de].	fixe. 50 f.	$\frac{20e}{40}$	
Bisette [Fabricant et marchand de].	6	20e	
Blanc de baleine [Raffinerie de], ayant cinq ouvriers et au-dessous. Et 3 francs par chaque ouvrier en sus, jusqu'au maximum de 200 francs.	fixe. 25 f.	$\frac{20e}{25}$	
Blanc de craie [Fabricant et marchand de].	6	20e	
Blanchisserie de toiles et fils, pour le commerce, par procédés mécaniques; ayant cinq ouvriers et au-dessous. Et 3 francs par chaque ouvrier en sus, jusqu'au maximum de 300 francs.	fixe. 25 f.	$\frac{20e}{40}$	

PROFESSIONS.	CLASSES et DROITS fixes.	DROITS proportionnels.	OBSERVATIONS.
Blanchisseur de toiles et fils, pour les particuliers.	5	20e	
Blanchisseur de chapeaux de paille.	7	40e	
Blanchisseur de fin	7	40e	
Blanchisseur de linge, ayant un établissement de buanderie.	7	40e	
Blanchisseur de linge, sans établissement de buanderie.	8	40e	
Blanchisseur sur pré.	7	40e	
Blatier avec voitures.	5	20e	
Blatier avec bêtes de somme..	6	20e	
Blondes [Marchand de] en gros.	1	15e	
Blondes [Marchand de] en demi-gros.	2	20e	
Blondes [Marchand de] en détail.	4	20e	
Blouses [Marchand de].	»	»	Voir *Sarraux.*
Bluteaux ou blutoirs [Fabricant et marchand de].	6	20e	
Bobines pour les manufactures [Fabricant de]. .	8	40e	
Boccard, Patouillet ou lavoir de minerai. Pour chaque usine. . . . . Jusqu'au maximum de 100 fr.	fixe. 15 f.	$\frac{20e}{40}$	
Ce droit sera réduit de moitié pour les boccards, patouillets ou lavoirs qui sont forcés de chômer, par crue ou par manque d'eau, pendant une partie de l'année équivalente au moins à quatre mois.			
Bœufs [Marchand de].	3	20e	
Bœuf cuit [Marchand de].	»	»	Voir *Bouillon.*

PROFESSIONS.	CLASSES et DROITS fixes.	DROITS proportionnels.	OBSERVATIONS.
Bois à brûler [Marchand de]. Celui qui, ayant chantier ou magasin, vend au stère, ou par quantité équivalente ou supérieure..	1	$\frac{13e}{30}$	Au 15e sur le loyer d'habitation; au 30e sur les locaux serv. à l'exercice de la profession.
Bois à brûler [Marchand de]. Celui qui, n'ayant ni chantier ni magasin, vend sur bateau ou sur les ports, au stère ou par quantité équivalente ou supérieure.	2	20e	
Bois à brûler [Marchand de]. Celui qui, n'ayant ni chantier, ni magasin, ni bateau, vend par voiture au domicile des consommateurs.	5	20e	
Bois à brûler [Marchand de]. Qui vend à la falourde, au fagot et au cotret.	8	40e	
Bois de bateaux [Marchand de].	5	20e	
Bois de boissellerie [Marchand de]..	5	20e	
Bois d'ébénisterie [Marchand de].	3	20e	
Bois feuillard [Marchand de].	5	20e	
Bois de galoches et socques [Faiseur de]. .	8	40e	
Bois en grume ou de charronnage [March. de].	3	20e	
Bois de marine ou de construction [Marchand de]..	1	$\frac{13e}{30}$	Au 15e sur le loyer d'habitation; au 30e sur les locaux serv. à l'exercice de la profession.
Bois merrain [Marchand de] en gros. S'il vend par bateau ou charrette.	1	$\frac{13e}{30}$	dito. dito.
Bois merrain [Marchand de]. S'il ne vend qu'aux tonneliers et aux particuliers. . .	6	20e	Au 15e sur le loyer d'habitation; au 30e sur les locaux serv. à l'exercice de la profession.
Bois de sciage [Marchand de] en gros.. . . .	1	$\frac{13e}{30}$	

PROFESSIONS.	CLASSES et DROITS fixes.	DROITS proportionnels.	OBSERVATIONS.
Bois de sciage [Marchand de]. Si, ayant chantier ou magasin, il ne vend qu'aux menuisiers, ébénistes, charpentiers et particuliers.	3	20e	
Bois de teinture [Marchand de) en demi-gros.	2	20e	
Bois de teinture [Marchand de] en détail.. . . .	4	20e	
Bois de volige [Marchand de]..	5	20e	
Boiseries [Marchand de] vieilles.	6	20e	
Boisselier [Marchand] en gros.	3	20e	
Boisselier [Marchand] en détail.	6	20e	
Boisselier.	7	40e	
Boisselier [Fabricant], à façon.	8	40e	
Boîtes et bijoux à musique [Fabricant de mécaniques pour], pour son compte. . .	5	20e	
Boîtes et bijoux à musique [Fabricant de mécaniques pour], à façon.	7	40e	
Bombagiste.	6	20e	
Bombeur de verres.	6	20e	
Bonneterie.	»	»	Voir *Bas.*
Bossetier.	6	20e	
Bottier [Marchand].	4	20e	
Bottes remontées [Marchand de]..	7	40e	
Bottier et **cordonnier** en chambre..	7	40e	
Boucher [Marchand].	4	20e	
Boucher en détail.	5	20e	

PROFESSIONS.	CLASSES et DROITS fixes.	DROITS proportionnels.	OBSERVATIONS.
Bouchonnier.	6	20e	
Bouchons [Marchand de] en gros.	3	20e	
Bouchons [Marchand de] en détail.	6	20e	
Bouchons de flacons [Ajusteur de].	8	40e	
Bouclerie [Fabricant de], pour son compte. . .	5	20e	
Bouclerie [Fabricant de], à façon..	8	40e	
Boues [Entreprise partielle de l'enlèvement des]..	6	20e	
Bougies, cierges, etc. [Fabrique de]. . . . . Ayant cinq ouvriers et au-dessous, et trois francs par chaque ouvrier en sus, jusqu'au maximum de 300 fr.	fixe. 25 f.	$\frac{20e}{23}$	
Bougies [Marchand de].	5	20e	
Bouilleur ou **brûleur** d'eau-de-vie.	6	20e	
Bouillon et bœuf cuit [Marchand de]. . . .	6	20e	
Boulanger.	5	20e	
Boules à teinture [Fabricant de]..	4	20e	
Boules vulnéraires dites d'acier ou de Nancy [Fabricant de].	7	40e	
Bouquetière [Marchande] en boutique.	7	40e	
Bouquiniste.	7	40e	
Bourre de soie [Marchand de].	6	20e	
Bourrées [Marchand de].	»	»	Voir *Fagots*.
Bourrelets d'enfants [Fabricant et marc. de].	7	40e	
Bourrelier..	6	20e	

PROFESSIONS.	CLASSES et DROITS fixes.	DROITS proportionnels.	OBSERVATIONS.
Boursier....................	7	40e	
Bouteilles de verre [Marchand de]......	5	20e	
Boutons de métal, corne, cuir bouilli, etc. [Fabricant de], pour son compte......	5	20e	
Boutons de métal, corne, cuir bouilli [Fabricant de], à façon...........	8	40e	
Boutons de soie [Fabricant de], pour son compte.	7	40e	
Boutons de soie [Fabricant de], à façon....	8	40e	
Boyaudier.................	6	20e	
Brais, goudrons, poix, résines et autres matières analogues [Fabrique de]....	fixe. 25 f.	$\frac{20e}{25}$	
Brasserie. Pour chaque chaudière contenant moins de dix hectolitres.........	10 f.	$\frac{20e}{40}$	
Pour chaque chaudière de dix à vingt hectolitres............	20 f.	$\frac{20e}{40}$	
Pour chaque chaudière de vingt à trente hectol...............	30 f.	$\frac{20e}{40}$	
Pour chaque chaudière de trente à quarante hectol...........	40 f.	$\frac{20e}{40}$	
Pour chaque chaudière de quarante à soixante hect...........	60 f.	$\frac{20e}{40}$	
Pour chaque chaudière au-dessus de soixante hect...........	100 f.	$\frac{20e}{40}$	
Jusqu'au maximum de 400 fr.			
Ce droit sera réduit de moitié pour les brasseries qui ne brassent que quatre fois au plus par an.			
Brasseur à façon.............	6	20e	
Bretelles et Jarretières [Marchand de]...	6	20e	

PROFESSIONS.	CLASSES et DROITS fixes.	DROITS propor-tionnels.	OBSERVATIONS.
Bretelles et Jarretières [Fabricant de], pour son compte.	6	20e	
Bretelles et Jarretières [Fabricant de], à fa-çon.	8	40e	
Brioches [Marchand de].			Voir *Galettes.*
Brioleur, avec bêtes de somme.	8	40e	
Briou [Fabricant de]	6	20e	
Briques [Fabrique de], ayant cinq ouvriers et au-dessous. . . . . Et deux francs pour chaque ouvrier en sus, jusqu'au maximum de 100 francs.	fixe. 15 f.	$\frac{20e}{25}$	
Briques [Marchand de].	6	20e	
Briquetier à façon.	8	40e	
Briquets phosphoriques et autres [Fabri-cant de].	6	20e	
Briquets phosphoriques et autres [Mar-chand de].	7	40e	
Briquettes factices.	»	»	Voir *Bûches.*
Brocanteur en boutique ou magasin.	5	20e	
Brocanteur d'habits en boutique.	6	20e	
Brocanteur d'habits sans boutique.	8	40e	
Broches et cannelets pour la filature [Fabri-cant de], pour son compte.	5	20e	
Broches et Cannelets pour la filature [Fa-bricant de], à façon.	8	40e	
Broches pour la filature [Rechargeur de]. . . .	7	40e	

PROFESSIONS.	CLASSES et DROITS fixes.	DROITS proportionnels.	OBSERVATIONS.
Broderies [Fabricant et marchand de] en gros. .	3	20e	
Broderies [Fabricant et marchand de] en détail..	5	20e	
Broderies [Blanchisseur et apprêteur de]. . . .	7	40e	
Broderies [Dessinateur, imprimeur de].	7	40e	
Broderies [Fabricant à façon de].	7	40e	
Brodeurs sur étoffes, en or et en argent. . . .	4	20e	
Bronzes, dorures et argentures sur métaux [Marchand de] en gros.	1	15e	
Bronzes, dorures et argentures sur métaux [Marchand de] en détail.	4	20e	
Brosses [Fabricant de bois pour].	8	40e	
Brossier [Marchand].	6	20e	
Brossier [Fabricant], pour son compte	6	20e	
Brossier [Fabricant], à façon..	8	40e	
Brûleur d'eau-de-vie.	»	»	Voir *Bouilleur.*
Brunisseur..	7	40e	
Bûches et Briquettes factices [Marchand de].	8	40e	
Buffletier [Marchand]	6	20e	
Buffletier [Fabricant], pour son compte.. . . .	7	40e	
Buffletier [Fabricant], à façon.	8	40e	
Buis ou racines de buis [Marchand de]. . .	6	20e	
Bureau de distribution d'imprimés [Entrepreneur d'un].	5	20e	

PROFESSIONS.	CLASSES et DROITS fixes.	DROITS proportionnels.	OBSERVATIONS.
Bureau d'indication et de placement [Tenant un].	5	20e	
Bustes en cire pour les coiffeurs [Fabricant de].	7	40e	
Bustes en plâtre [Mouleur de].	6	20e	
Cabaretier.	6	20e	
Cabaretier ayant billards.	5	20e	
Cabas [Faiseur de].	8	40e	
Cabinets d'aisances publics [Tenant].	6	20e	
Cabinet de figures en cire [Tenant un].	7	40e	
Cabinet de lecture [Tenant un] où l'on donne à lire les journaux et les nouveautés littéraires.	6	20e	
Cabinet de lecture [Tenant un] où l'on donne à lire les journaux seulement.	7	40e	
Cabinet particulier de tableaux, d'objets d'histoire naturelle ou d'antiquités [Tenant un].	7	40e	
Cabriolet sur place ou sous remise [Loueur de], s'il a plusieurs cabriolets.	5	20e	
Cabriolets sur place ou sous remise [Loueur de], s'il n'a qu'un cabriolet.	7	40e	
Cachemires de l'Inde [Marchand de].	1	15e	
Cadrans de montres et de pendules [Fabricant de], pour son compte.	6	20e	
Cadrans de montres et de pendules [Fabricant de], à façon.	8	40e	

PROFESSIONS.	CLASSES et DROITS fixes.	DROITS propor- tionnels.	OBSERVATIONS.
Cadres pour glaces et tableaux [Marchand de].. .	6	20e	
		fixe.	
Café de chicorée [Fabrique de].	50 f.	$\frac{20e}{25}$	
Café de chicorée en poudre [Marchand de].. .	6	20e	
Café tout préparé [Débitant de].	8	40e	
Cafetier.	4	20e	
Cafetières du Levant ou marabouts [Fabricant de], pour son compte.	6	20e	
Cafetières du Levant ou marabouts [Fabricant de], à façon.	8	40e	
Cages, Souricières et Tournettes [Fa- bricant de]..	8	40e	
Caisse ou Comptoir d'avances ou de prêts [Te- nant].	1	15e	
Caisse ou Comptoir de recettes et de payement [Tenant].	1	15e	
Caisse d'épargne administrée gratuitement. .	exempt.		
Caisse d'escompte [Tenant].	1	15e	
Caisses de tambour [Facteur de].	6	20e	
Calandreur d'étoffes neuves.	5	20e	
Calandreur de vieilles étoffes.	7	40e	
Calfat. Radoubeur de navires.	6	20e	
Cambreur de tiges de bottes.	7	40e	
Camées faux ou moulés [Fabricant de].	7	40e	

PROFESSIONS.	CLASSES et DROITS fixes.	DROITS proportionnels.	OBSERVATIONS.
Canaux navigables avec péage [Concessionnaire de]..	fixe. 200 f.	15e	
Plus 20 fr. par myriamètre complet, en sus du premier, juqu'au maximum de 1,000 fr.			
Canevas [Dessinateur de].	8	40e	
Cannelets pour la filature..	»	»	*Voir Broches.*
Cannelles et robinets en cuivre [Fabricant de], pour son compte.	6	20e	
Cannelles et robinets en cuivre [Fabricant de], à façon..	7	40e	
Cannes [Marchand de] en boutique..	6	20e	
Cannes [Fabricant de], pour son compte. . . .	7	40e	
Cannes [Fabricant de], à façon.	8	40e	
Cannetille [Fabricant de].	7	40e	
Cantinier, dans les prisons, hospices et autres établissements publics..	6	20e	
Cantinier attaché à l'armée.	exempt.		
Caoutchouc [Fabricant ou marchand d'objets confectionnés, ou d'étoffes garnies en]. . . .	4	20e	
Caparaçonnier, pour son compte..	6	20e	
Caparaçonnier, à façon..	8	40e	
Capitaine de navire, ne naviguant pas pour son compte.	exempt.		
Capsules ou amorces de chasse [Fabricant de]. .	fixe. 50 f.	20e 25	

PROFESSIONS.	CLASSES et DROITS fixes.	DROITS proportionnels.	OBSERVATIONS.
Capsules métalliques pour boucher les bouteilles [Fabricant de].	6	20e	
Caractères d'imprimerie [Fondeur de].	3	20e	
Caractères d'imprimerie [Fondeur de], à façon. .	7	40e	
Caractères d'imprimerie [Graveur en].	7	40e	
Caractères mobiles en métal [Fabricant de]. . . .	5	20e	
Caractères mobiles en bois ou en terre cuite [Fabricant et marchand de].	7	40e	
Carcasses ou montures de parapluie [Fabricant de], pour son compte.	7	40e	
Carcasses ou montures de parapluies [Fabricant], à façon.	8	40e	
Carcasses pour modes [Fabricant de].	8	40e	
Cardes [Manufacture de] par procédés mécaniques.	fixe. 200 f.	$\frac{200}{80}$	
Cardes [Fabricant de] par les procédés ordinaires, pour son compte.	6	20e	
Cardes [Fabricant de] par les procédés ordinaires, à façon.	8	40e	
Cardeur de laine, de coton, de bourre de soie, filoselle, etc.	7	40e	
Carreaux à carreler [Marchand de].	6	20e	
Carreleur.	7	40e	
Carrés de montres [Fabricant de], pour son compte.	6	20e	
Carrés de montres [Fabricant de], à façon. . . .	8	40e	

PROFESSIONS.	CLASSES et DROITS fixes.	DROITS proportionnels.	OBSERVATIONS.
Carrières souterraines ou à ciel ouvert [Exploitant fixe de], ayant moins de dix ouvriers. Plus 3 fr. par chaque ouvrier en sus, jusqu'au maximum de 200 fr.	25.f.	15e	Proportionnel sur le loyer d'habitation seulement.
Carrioles [Loueur de]	7	40e	
Carrossier [Fabricant]	2	20e	
Carrossier raccommodeur.	5	20e	
Cartes de géographie [Marchand de].	6	20e	
Cartier. Fabricant de cartes à jouer.	4	20e	
Carton ou Carton-pierre [Marchand fabricant d'ornements en pâte de]	3	20e	
Cartonnage [Fabrique de]. 30 fr. par cuve jusqu'au maximum de 150 fr. Ce droit sera réduit de moitié pour les fabriques qui sont forcées de chômer, par manque ou par crue d'eau, pendant une partie de l'année équivalente au moins à quatre mois.	"	$\frac{20c}{40}$	
Cartonnage fin. [Fabricant et marchand de].	5	20e	
Cartons pour bureaux et autres [Fabricant de], pour son compte.	6	20c	
Cartons pour bureaux et autres [Fabricant de], à façon.	8	40e	
Casquettes [Fabricant de], pour son compte.	6	20e	
Casquettes [Fabricant de], à façon.	8	40c	
Castine [Marchand de].	8	40e	
Ceinturonnier, pour son compte.	7	40e	
Ceinturonnier, à façon.	8	40e	
Cendres [Laveur de].	6	20e	

PROFESSIONS.	CLASSES et DROITS fixes.	DROITS et propor- tionnels.	OBSERVATIONS.
	fixe		
Cendres gravelées [Fabrique de].	25 f.	20e 28	
Cendres noires [Extracteur de], ayant moins de dix ouvriers.	fixe. 25 f.	15e	Proportionnel sur le loyer d'habitation seulement.
Plus 3 fr. pour chaque ouvrier en sus, jusqu'au maximum de 200 fr.			
Cendres ordinaires [Marchand de]	7	40e	
Cerceaux [Marchand de].	»	»	Voir Cercles.
Cercles ou sociétés [Fournisseur des objets de consommation dans les].	5	20e	b Proportionnel sur le loyer d'habitation seulement.
Cercles ou cerceaux [Marchand de]	6	20e	
Cerclier.	8	40e	
Chaînes de fil, laine ou coton, préparées pour la fabrication des tissus [Marchand de]. . .	6	20e	
Chaises [Loueur de], pour un prix de ferme de 2000 fr., et au-dessus.	6	20e	
Chaises [Loueur de], pour un prix de ferme de 500 à 2000 fr.	7	40e	
Chaises [Loueur de], pour un prix de ferme au-dessous de 500 fr.	8	40e	
Chaises fines [Marchand et fabricant de]. . .	6	20e	
Chaises communes [Marchand et fabricant de].	8	40e	
Châles [Marchand de] en gros.	1	15e	
Châles [Marchand de] en détail.	3	20e	
Chamoiseur, pour son compte.	6	20e	

PROFESSIONS.	CLASSES et DROITS fixes.	DROITS propor-tionnels.	OBSERVATIONS.
Chamoiseur à façon..................	8	40e	
Chandeliers en fer et en cuivre [Fabricant de], pour son compte..................	6	20e	
Chandeliers en fer ou en cuivre [Fabricant de], à façon..................	8	40e	
Chandelles [Fabricant de], ayant 5 ouvriers et au-dessous.................. Et 3 fr. par chaque ouvrier en sus, jusqu'au maximum de 100 fr.	fixe. 10 f.	$\frac{20e}{25}$	
Changeur de monnaies..................	1	15e	
Chanvre [Marchand de] en détail..........	6	20e	
Chanvre [Marchand de] en gros et demi-gros...	»	»	Voir *Lin.*
Chapeaux [Marchand de vieux], en boutique ou en magasin..................	8	40e	
Chapeaux de feutre et de soie [Fabricant de]....	4	20e	
Chapeaux de paille [Marchand de] en gros...	1	15e	
Chapeaux de paille [Marchand de] en demi-gros.	2	20e	
Chapeaux de paille [Marchand de] en détail...	5	20e	
Chapelets [Fabr. et marchand de]..........	7	40e	
Chapelier en grosse chapellerie..........	6	20e	
Chapellerie [Marchand de matières premières pour la]..................	1	15e	
Chapellerie [Marchand de fournitures pour la].	5	20e	
Chapellerie, en fin..................	5	20e	

PROFESSIONS.	CLASSES et DROITS fixes.	DROITS proportionnels.	OBSERVATIONS.
Charbon de bois [Marchand de] en gros. . . .	1	$\frac{13e}{30}$	Au 15e sur le loyer d'habitation. Au 30e sur les locaux serv. à l'exercice de la profession.
Charbon de bois [Marchand de] en demi-gros. .	5	20e	
Charbon de bois [Marchand de] en détail. . .	8	40e	
Charbon de terre épuré ou non [Marchand de] en gros.	2	$\frac{20}{30}$	Au 20e sur le loyer d'habitation. Au 30e sur les locaux serv. à l'exercice de la profession.
Charbon de terre épuré ou non [Marchand de] en demi-gros.	5	20e	
Charbon de terre épuré ou non [Marchand de] en détail.	8	40e	
Charbonnier-voiturier.	8	40e	
Charcutier.	4	20e	
Charcutier revendeur.	6	20e	
Charnières en fer, cuivre ou fer-blanc [Fabricant de], par les procédés ordinaires, pour son compte.	7	40e	
Charnières en fer, cuivre ou fer-blanc [Fabricant de], par les procédés ordinaires, à façon.	8	40e	
Charpentier, entrepreneur fournisseur.	4	20e	
Charrée [Marchand de].	6	20e	
Charrettes [Loueur de].	8	40e	
Charron.	6	20e	
Chasse [Marchand d'ustensiles de].	5	20e	
Châsses de lunettes [Fabricant de], pour son compte.	6	20e	

PROFESSIONS.	CLASSES et DROITS fixes.	DROITS proportionnels.	OBSERVATIONS.
Châsses de lunettes [Fabricant de], à façon. .	8	40ᵉ	
Chasublier [Marchand]..	4	20ᵉ	
Chasublier, à façon.	7	40ᵉ	
Châtaignes [Marchand de].	»	»	Voir *Marrons*.
Chaudières en cuivre [Fabricant de]. . . .	4	20ᵉ	
Chaudronnerie pour les appareils à vapeur, à distiller, à concentrer, etc. [Fabrique fixe. de]. . . . . , . . . 200 f.		$\frac{20ᵉ}{40}$	
Chaudronnier [Marchand].	5	20ᵉ	
Chaudronnier rhabilleur.	7	40ᵉ	
Chaussées et routes [Entrepreneur de l'entretien des]. . . . . fixe. 25 f.		15ᵉ	Proportionnel sur le loyer d'habitation seulement.
Chaussons en lisières et autres [Marchand de].	7	40ᵉ	
Chaussons en lisières [Fabricant de]. . .	8	40ᵉ	
Chaux [Marchand de].	6	20ᵉ	
Chaux artificielle [Fabrique de] fixe.			
Pour un four. . . . . 20 f.		$\frac{20ᵉ}{25}$	
Pour deux fours. . . . . 50 f.		$\frac{20ᵉ}{25}$	
Pour trois fours et au-dessus. . . . . 80 f.		$\frac{20ᵉ}{25}$	
Chaux naturelle [Fabrique de]. fixe.			
Pour un four.. . . . . 15 f.		$\frac{20ᵉ}{25}$	
Pour deux fours. . . . . 30 f.		$\frac{20ᵉ}{25}$	
Pour trois fours et au-dessus. . . . . 50 f.		$\frac{20ᵉ}{25}$	
Chefs de ponts et pertuis.	6	20ᵉ	

PROFESSIONS.	CLASSES et DROITS fixes.	DROITS propor- tionnels.	OBSERVATIONS.
Chemin de fer avec péage [Concessionnaire fixe de]. . . . . 200 f.		$\frac{20^e}{40}$	
Plus, 20 fr. par myriamètre en sus du premier, jusqu'au maximum de 1000 fr.			
Cheminées, dites économiques [Fabricant et marchand de].	5	20e	
Chenille en soie [Fab. de], pour son compte. .	7	40e	
Chenille en soie [Fabricant de] à façon.	8	40e	
Chevaux [Courtier de]. , ...	7	40e	
Chevaux [Loueur de].	5	20e	
Chevaux [Marchand de].	4	20e	
Chevaux [Tenant pension de].	5	20e	
Cheveux [Marchand de].	5	20e	
Chevilleur.	8	40e	
Chicorée en poudre.	»	»	Voir Café.
Chèvres et chevreaux [Marchand de]. . . .	7	40e	
Chiffonnier en gros.	1	15e	
Chiffonnier en détail.	7	40e	
Chiffonnier au crochet.	exempt.		
Chineur.	7	40e	
Chirurgien.	exempt.		
Chocolat [Marchand de] en gros.	3	20e	

PROFESSIONS.	CLASSES et DROITS fixes.	DROITS proportionnels.	OBSERVATIONS.
Chocolat [Marchand de] en détail..	5	20e	
Cidre [Marchand de] en gros.	3	20e	
Cidre [Marchand et débitant de] en détail.. . . .	6	20e	
Cierges.	»	»	Voir *Bougies.*
Cimentier employant moins de cinq ouvriers. . .	6	20e	Pour fabrique de ciment, voir *Mastics.*
Cirage ou encostique [Marchand fabricant de]. . .	7	40e	
Cire [Blanchisserie de] ayant cinq ouvriers et au-dessous. . . . . Et trois francs par chaque ouvrier en sus, jusqu'au maximum de 200 fr.	fixe. 25 f.	$\frac{200}{20}$	
Cire [Blanchisseur de] employant moins de six ouvriers.	4	20e	
Cire brute [Marchand de]..	»	»	Voir *Miel.*
Cire à cacheter [Fabricant de].	4	20e	
Cirier [Marchand].	4	20e	
Ciseleur.	6	20e	
Citrons [Marchand de].	»	»	Voir *Oranges.*
Clavecins [Facteur de].	»	»	Voir *Pianos.*
Clinquant [Fabricant de], pour son compte. . .	6	20e	
Clinquant [Fabricant de], à façon.	8	40e	
Cloches de toutes dimensions [Marchand de]. . .	5	20e	
Cloches et clochettes [Fondeur de] sans boutique ni magasin.	6	20e	
Clous et pointes [Fabrique de] par procédés mécaniques. Pour dix métiers et au-dessous. . . . Plus 5 fr. pour chaque métier en sus de dix, jusqu'au maximum de 400 f.	fixe. 50 f.	$\frac{20e}{40}$	

PROFESSIONS.	CLASSES et DROITS fixes.	DROITS proportionnels.	OBSERVATIONS.
Cloutier [Marchand] en gros..	1	15e	
Cloutier [Marchand] en demi-gros.	2	20e	
Cloutier [Marchand] en détail.	5	20e	
Cloutier au marteau, pour son compte.	7	40e	
Cloutier au marteau, à façon.	8	40e	
	fixe.		
Coches d'eau [Entreprise de].	100 f.	15e	
Cocons [Filerie de] 1 fr. 50 c. par bassine ou tour, jusqu'au maximum de 400 fr.	»	$\frac{20e}{40}$	
Coffretier-malletier en cuir.	5	20e	
Coffretier-malletier en bois.	6	20e	
Coiffes de femmes [Faiseuse et marchande de].	7	40e	
Coiffeur.	6	20e	
Cochons [Marchand de].	4	20e	
	fixe.		
Colle-forte, ayant cinq ouvriers et au-dessous. Et trois francs par chaque ouvrier en sus, jusqu'au maximum de 100 fr.	25 f.	$\frac{20e}{25}$	
Colle de pâte et de peau [Fabricant de].	7	40e	
Colle pour la clarification des liqueurs [Fabricant de].	5	20e	
Colleur d'étoffes.	5	20e	
Colleur de chaînes pour fabrication de tissus.	7	40e	

PROFESSIONS.	CLASSES et DROITS fixes.	DROITS proportionnels.	OBSERVATIONS.
Colleur de papiers peints.	8	40ᵉ	
Cols [Fabricant de], pour son compte.	6	20ᵉ	
Cols [Marchand de].	6	20ᵉ	
Cols [Fabricant de], à façon.	8	40ᵉ	
Combustibles [Marchand de] en boutique. . . .	6	20ᵉ	
Comestibles [Marchand de].	3	20ᵉ	
Commissaires-Priseurs.	exempts.		
Commissionnaire entrepositaire, **Commissionnaire** de transports par terre et par eau,	fixe.		Les commissionnaires entrepositaires de vins ne sont assujettis qu'au 30ᵉ sur la valeur du loyer servant à l'entrepôt.
A Paris.	250 f.	15ᵉ	
Dans les villes de cinquante mille âmes et au-dessus.	200 f.	15ᵉ	
Dans les villes de trente mille à cinquante mille âmes, et dans celles de quinze mille à trente mille âmes qui ont un entrepôt réel.	150 f.	15ᵉ	
Dans les villes de quinze mille à trente mille âmes, et dans les villes d'une population inférieure à quinze mille âmes qui ont un entrepôt réel.	100 f.	15ᵉ	
Dans toutes les autres communes.	50 f.	15ᵉ	
Commissionnaire en marchandises,	fixe.		
A Paris.	400 f.	15ᵉ	
Dans les villes d'une population de cinquante mille âmes et au-dessus.	300 f.	15ᵉ	
Dans les villes de trente mille à cinquante mille âmes, et dans celles de quinze mille à trente mille âmes qui ont un entrepôt réel.	200 f.	15ᵉ	
Dans les villes de quinze mille à trente mille âmes, et dans les villes d'une population inférieure à quinze mille âmes qui ont un entrepôt réel.	150 f.	15ᵉ	
Dans toutes les autres communes.	75 f.	15ᵉ	

4

PROFESSIONS.	CLASSES et DROITS fixes.	DROITS proportionnels.	OBSERVATIONS.
Commissionnaire au Mont-de-Piété. . . .	4	20e	
Commissionnaires-porteurs pour les fabricants de tissus.	6	20e	
Comptoir d'avances et recettes.	»	»	Voir Caisse.
Condition pour les soies [Entrepreneur ou Fermier d'une].	2	20e	
Confiseur.	3	20e	
Conserves alimentaires [Marchand de]. .	3	20e	
Convois militaires [Entreprise générale des].	fixe. 1000 f.	$\frac{20e}{40}$	
Convois militaires [Entreprise particulière des] pour une division militaire. . . .	fixe. 100 f.	$\frac{20e}{40}$	
Convois militaires; entreprise particulière pour gites d'étapes.	fixe. 25 f.	$\frac{20e}{40}$	
Coquetier avec voiture.	6	20e	
Coquetier avec bêtes de somme.	7	40e	
Coraux [Préparateur de].	3	20e	
Coraux bruts [Marchand de].	3	20e	
Cordes harmoniques [Fabricant de], pour son compte.	6	20e	
Cordes harmoniques [Fabricant de], à façon.	7	40e	
Cordes métalliques [Fabricant de], pour son compte.	6	20e	
Cordes métalliques [Fabricant de], à façon.	7	40e	

PROFESSIONS.	CLASSES et DROITS fixes.	DROITS proportionnels.	OBSERVATIONS.
Cordes à puits et liens d'écorce [Fabricant de].	8	40e	
Cordier, fabricant de câbles et cordages pour la marine ou la navigation intérieure. . .	4	20e	
Cordier [Marchand].	6	20e	
Cordier, fabricant de menus cordages, tels que cordes, ficelles, longes, traits, etc. . . .	7	40e	
Cordonnier [Marchand].	4	20e	
Cordonnier en chambre.	»	»	Voir *Bottier.*
Cordons en fil, soie, laine, etc. [Fabricant de], pour son compte.	7	40e	
Cordons, dito, dito, à façon.. . . .	8	40e	
Corne [Apprêteur de], pour son compte.	6	20e	
Corne [Apprêteur de], à façon.	8	40e	
Corne [Fabricant de feuilles transparentes de], pour son compte.	6	20e	
Corne, dito, à façon.	8	40e	
Cornes brutes [Marchand de].	5	20e	
Corroyeur [Marchand].	4	20e	
Corroyeur, à façon.	7	40e	
Corsets [Fabricant et marchand de].	6	20e	
Cosmétiques [Marchand de].	7	40e	
Cosmorama [Directeur de].	6	20e	
Costumier.	6	20e	
Coton cardé ou gommé [Marchand de]. . .	7	40e	

PROFESSIONS.	CLASSES et DROITS fixes.	DROITS proportionnels.	OBSERVATIONS.
Coton filé [Marchand de] en gros.	1	15e	
Coton filé [Marchand de] en détail.	4	20e	
Coton en laine [Marchand de] en gros. . .	1	15e	
Cotrets sur bateaux [Marchand de]. . . .	4	20e	
Cotrets [Débitant de].	8	40e	
Couleurs et vernis [Fabricant et marchand de].	4	20e	
Coupeur de poils [Marchand et fabricant], pour son compte.	6	20o	
Coupeur de poils, à façon.	7	40e	
Courroies [Apprêteur de], pour son compte. .	7	40e	
Courroies [Apprêteur de], à façon.	8	40e	
Courtier d'assurances, de navires, de marchandises	fixe.		
À Paris.	250 f.	15e	
Dans les villes de cinquante mille âmes et au-dessus	200 f.	15e	
Dans les villes de trente mille à cinquante mille âmes, et dans celles de quinze mille à trente mille âmes, qui ont un entrepôt réel.	150 f.	15e	
Dans les villes de quinze mille à trente mille âmes, et dans les villes d'une population inférieure à quinze mille âmes, qui ont un entrepôt réel. . . .	100 f.	15e	
Dans toutes les autres communes. . . .	50 f.	15e	
Courtier de bestiaux	7	40e	
Courtier-gourmet-piqueur de vins.	6	20e	

PROFESSIONS.	CLASSES et DROITS fixes.	DROITS proportionnels.	OBSERVATIONS.
Coutelier [Marchand et fabricant]	5	20e	
Coutelier, à façon.	7	40e	
Couturière [Marchande]	6	20e	
Couturière en corsets, en robes ou en linge. . .	7	40e	
Couverts et autres objets, en fer battu ou étamé [Fabricant et marchand de] en gros, par procédés ordinaires.	4	20e	
Couverts et autres objets, en fer battu ou étamé [Fabricant et marchand de], en détail. .	6	20e	
Couverts et autres objets en fer battu [Fabricant de], à façon.	8	40e	
Couvertures de soie, bourre, laine et coton, etc. [Marchand de].	4	20e	
Couvreur entrepreneur.	4	20e	
Couvreur [Maître]	6	20e	
Couvreur, en paille ou en chaume..	7	40e	
Cravache [Fabricant et marchand de].	»	»	Voir *Fouets*.
Crayons [Fabrique de], ayant cinq ouvriers et au-dessous	fixe. 25 f.	$\frac{20e}{25}$	
Et trois francs par chaque ouvrier en sus, jusqu'au maximum de 300 fr. . .	»	»	
Crayons [Marchand de].	6	20e	
Crèmier-glacier.	5	20e	
Crèmier ou laitier.	7	40e	
Crépins [Marchand de].	6	20e	

PROFESSIONS.	CLASSES et DROITS fixes.	DROITS propor- tionnels.	OBSERVATIONS.
Crépin en bois [Fabricant d'articles de], pour son compte.	7	40e	
Crépin en buis [Fabricant d'articles de], à façon.	8	40e	
Creusets [Fabrique de].	fixe. 25 f.	$\frac{20e}{25}$	
Crics [Fabricant et marchand de].	5	20e	
Criblier.	7	40e	
Crin [Apprêteur, crêpeur ou friseur de], à façon.	8	40e	
Crin frisé [Apprêteur de].	5	20e	
Crin frisé [Marchand de] en gros.	1	15e	
Crin frisé [Marchand de] en demi-gros.	2	20e	
Crin frisé [Marchand de].	4	20e	
Crins plats [Marchand de].	6	20e	
Crinières [Fabricant de], pour son compte. . .	6	20e	
Crinières [Fabricant de], à façon.	8	40e	
Cristaux [Manufacture de].	fixe. 300 f.	$\frac{20e}{40}$	
Cristaux [Marchand de] en gros.	1	15e	
Cristaux [Marchand de] en demi-gros.	2	20e	
Cristaux [Marchand de] en détail.	5	20e	
Cristaux [Tailleur de].	7	40e	
Crochets pour les fabriques d'étoffes [Fabricant de], pour son compte.	7	40e	

PROFESSIONS.	CLASSES et DROITS fixes.	DROITS propor- tionnels.	OBSERVATIONS.
Crochets pour les fabriques d'étoffes [Fabricant de], à façon.	8	40e	
Cuillers d'étain [Fondeur de], ambulant. . . .	8	40e	
Cuir bouilli et verni [Fabricant ou marchand d'objets en].	6	20e	
Cuirs tannés, corroyés, lissés, vernissés [Marchand de] en gros.	1	15e	
Cuirs tannés, corroyés, lissés, vernissés [Marchand de] en détail.	4	20e	
Cuirs en vert étrangers [Marchand de] en gros.	1	15e	
Cuirs en vert du pays [Marchand de] en gros.	3	20e	
Cuirs et Pierres à rasoirs [Fabricant et mar- chand de].	6	20e	
Cuivre de navires [Marchand de vieux]	6	20e	
Cuivre vieux [Marchand de].	7	40e	
Culottier en peau [Marchand].	5	20e	
Curiosité [Marchand en boutique d'objets de]. .	5	20e	
Cuves, Foudres, Barriques et Tonneaux [Fabricant de].	7	40e	
Dalles [Marchand de].	6	20e	
Damasquineur	6	20e	
Décatisseur.	5	20e	
Déchets de coton [Marchand de].	7	40e	

PROFESSIONS.	CLASSES et. DROITS fixes.	DROITS proportionnels.	OBSERVATIONS.
Déchireur ou **Dépeceur** de bateaux. . . .	5	20ᵉ	
Décors et Ornements d'architecture [Marchand de].	4	20ᵉ	
Découpeur d'étoffes ou de papiers.	8	40ᵉ	
Découpoirs [Fabricant de], pour son compte. . .	6	20ᵉ	
Découpoirs [Fabricant de], à façon.	8	40ᵉ	
Décrotteur en boutique.	8	40ᵉ	
Décrueur de fil.	7	40ᵉ	
	fixe.		
Défrichement ou desséchement [Compagnie de].	300 f.	15ᵉ	
Dégraisseur.	7	40ᵉ	
Déménagements [Entrepreneur de]. S'il a plusieurs voitures	3	20ᵉ	
Déménagements [Entrepreneur de]. S'il a une seule voiture.	6	20ᵉ	
Denrées coloniales [Marchand de] en gros. .	1	15ᵉ	
Denteleur de scies.	7	40ᵉ	
Dentelles [Marchand de] en gros.	1	15ᵉ	
Dentelles [Marchand de] en demi-gros. . . .	2	20ᵉ	
Dentelles [Marchand de].	4	20ᵉ	
Dentelles [Facteur de].	6	20ᵉ	
Dépeceur de bateaux.	»	»	Voir *Déchireur.*
Dépeceur de voitures.	6	20ᵉ	

PROFESSIONS.	CLASSES et DROITS fixes.	DROITS proportionnels.	OBSERVATIONS.
Dés à coudre en métal autre que l'or et l'argent [Fabricant de], poúr son compte. . .	5	20e	
Dés à coudre en métal autre que l'or et l'argent [Fabricant de], à façon	8	40e	
Desséchement [Entrepreneur de travaux de].	fixe. 50 f.	15e	Proportionnel sur le loyer d'habitation seulement.
Dessinateur pour fabrique.	6	20e	
Dessinateur [Artiste], ne vendant que le produit de son art.	exempt.		
Diamants et pierres fines [Marchand de]. .	1	15e	
Diligences partant à jours et heures fixes [Entrepreneur de], parcourant une distance de deux myriamètres et au-dessous. . . .	fixe. 25 f.	$\frac{20e}{40}$	
Pour chaque myriamètre complet en sus des deux premiers, cinq francs jusqu'au maximum de 1000 fr.			
Diorama, Panorama, Néorama, Géorama [Directeur de].	2	20e	Proportionnel sur le loyer d'habitation seulement.
Distillateur-liquoriste.	3	20e	
Distillateur d'essences, eaux parfumées et médicinales.	5	20e	
Doreur et argenteur.	6	20e	
Doreur sur bois.	6	20e	
Doreur sur cristaux et porcelaines.	»	»	Voir *Peintre*.
Doreur sur tranches.	7	40e	
Dorures et argentures sur métaux [Fabricant ou marchand de] en détail.	4	20e	

PROFESSIONS.	CLASSES et DROITS fixes.	DROITS proportionnels.	OBSERVATIONS.
Dorures pour passementeries [Marchand de]. . .	4	20e	
Doublé d'or et d'argent.	»	»	Voir *Plaqué.*
Dragueur [Entrepreneur]	fixe. 50 f.	15e	Proportionnel sur le loyer d'habitation seulement.
Draps.	»	»	Voir *Tissus.*
Droguiste [Marchand] en gros.	1	15e	
Droguiste [Marchand] en demi-gros.	2	20e	
Droguiste [Marchand] en détail.	3	20e	
Droguiste-Herboriste.	»		Voir *Herboriste-droguiste.*
Duvet [Marchand de].	»	»	Voir *Plumes.*
Eau-de-vie [Marchand d'] en gros.	1	15e	
Eau-de-vie [Marchand d'] en demi-gros. . . .	2	20e	
Eau-de-vie [Marchand d'] en détail	5	20e	
Eau-de-vie [Débitant d'].	»	»	Voir *Liqueurs.*
Eau filtrée ou clarifiée et dépurée [Entrepr. d'un établissement d'].	3	20e	
Eaux minérales et thermales [Exploitation d']. .	fixe. 150 f.	$\frac{20e}{40}$	
Eaux minérales factices [Marchand d'].	4	20e	
Ébéniste [Marchand], ayant boutique ou magasin.	5	20e	
Ébéniste [Fabricant], pour son compte, sans magasin.	6	20e	
Ébéniste [Fabricant], à façon.	7	40e	

PROFESSIONS.	CLASSES et DROITS fixes.	DROITS propor- tionnels.	OBSERVATIONS.
Écailles d'ables ou ablettes [Marchand d'].	7	40e	
Échalas [Marchand d'].	7	40e	
Échoppe [Marchand sous].	»	»	Voir *Ambulants.*
Éclairage à l'huile [Entrepreneur d'], pour le compte des particuliers.	5	20e	
Éclairage à l'huile pour les grandes entreprises.	»	»	Voir *Entrepre- neur.*
Écorces de bois pour tan [Marchand d'].	4	20e	
Écorcheur ou équarrisseur d'animaux.	7	40e	
Écrans, [Fabricant d'], pour son compte.	6	20e	
Écrans [Fabricant d'], à façon.	8	40e	
Écrivains publics.	exempt.		
Éditeur de feuilles périodiques.	exempt.		
Élastiques pour bretelles, jarretières, etc. [Fabricant d'].	8	40e	
Émailleur, pour son compte.	6	20e	
Émailleur, à façon.	7	40e	
Emballeur non layetier.	6	20e	
Embouchoirs [Faiseur d'].	7	40e	
Émeri et rouge à polir [Marchand d'].	8	40e	
Employés à appointements.	exempts.		
Encaustique.			Voir *Cirage.*
Enclumes, essieux et gros étaux [Manufacture d'] jusqu'au maximum de 150 f.	fixe par feu. 25 f.	20e/40	

PROFESSIONS.	CLASSES et DROITS fixes.	DROITS proportionnels.	OBSERVATIONS.
Encre d'impression [Fabricant d'], ayant cinq ouvriers et au-dessous. . . . . Et trois francs par chaque ouvrier en sus, jusqu'au maximum de 200 fr.	25 f.	$\frac{20e}{25}$	
Encre à écrire [Fabricant et march. d'] en gros.	3	20e	
Encre à écrire [Fabricant et march. d'] en détail.	6	20e	
Enduit contre l'oxydation [Applicateur d']	6	20e	
Engrais [Marchand d'].	25 f.	$\frac{20e}{25}$	
Enjoliveur [Marchand].	6	20e	
Enjoliveur [Fabricant], pour son compte. . .	7	40e	
Enjoliveur [Fabricant], à façon	8	40e	
Enlèvement des boues.	»	»	Voir *Entreprise d'*.
Entrepôt [Concessionnaire, exploitant, ou fermier des droits d'emmagasinage dans un]. . .	2	20e	Proportionnel sur le loyer d'habitation seulement.
Entrepreneur d'éclairage à l'huile. . . .	fixe.		
A Paris.	300 f.	15e	
Dans les villes de cinquante mille âmes et au-dessus.	150 f.	15e	
Dans les villes de trente mille âmes à cinquante mille.	100 f.	15e	
Dans les villes de quinze mille à trente mille âmes.	50 f.	15e	
Dans toutes les autres communes. .	25 f.	15e	
Entreprise générale du balayage, de l'arrosage ou de l'enlèvement des boues. . . .	2	20e	
Eperonnier, pour son compte.	5	20e	
Eperonnier, à façon.	7	40e	

PROFESSIONS.	CLASSES et DROITS fixes.	DROITS proportionnels.	OBSERVATIONS.
Épicerie [Marchand d'] en gros.	1	15e	
Épicerie [Marchand d'] en demi-gros.	2	20e	
Épicier en détail.	5	20e	
Épicier-Regrattier, s'il ne vend qu'au petit poids et à la petite mesure quelques articles d'épicerie, et joint à ce commerce la vente de quelques autres objets, comme poterie de terre, charbon en détail, bois à la falourde, etc.	7	40e	
Epingles [Manufacture d'] par procédés mécan. ayant dix ouvriers et au-dessous. Plus trois francs par chaque ouvrier en sus, jusqu'au maximum de 300 f.	fixe. 25 f.	$\frac{20e}{40}$	
Epingles [Fabric. d'] par les procédés ordinaires.	6	20e	
Epinglier-Grillageur.	7	40e	
Eponges [Marchand d'] en gros.	3	20e	
Eponges [Marchand d'] en détail.	5	20e	
Equarrisseur d'animaux.	»	»	Voir *Ecorcheur.*
Equarrisseur de bois.	7	40e	
Equipage [Maître d'].	5	20e	
Equipements militaires [Marchand d'objets. d'].	3	20e	
Equipeur-monteur.	7	40e	
Escompteur.	1	15e	
Esprit ou eau-de-vie de vin [Fabrique d'].	fixe. 50 f.	$\frac{20e}{25}$	

PROFESSIONS.	CLASSES et DROITS fixes.	DROITS proportionnels.	OBSERVATIONS.
Esprit ou eau-de-vie de marc de raisin, cidre, poiré, fécules et autres substances analogues [Fabrique d'].	fixe. 25 f.	$\frac{20e}{25}$	
Essayeur pour le commerce.	3	20e	
Essayeur de soie.	6	20e	
Essence d'Orient [Fabricant d']	7	40e	
Estaminet [Maître d'].	4	20e	
Estampes et gravures [Marchand d'] . . .	6	20e	
Estampeur en or et argent.	4	20e	
Estampeur en métaux autres que l'or et l'argent.	7	40e	
Étalagiste.	»	»	Voir *Ambulants.*
Étain [Fabrique d'] pour glaces, ayant dix ouvriers et au-dessous.	fixe. 50 f.	$\frac{20e}{25}$	
Et trois francs par chaque ouvrier en en sus, jusqu'au maximum de 300 fr.			
Étain [Fabricant de feuilles d'].	5	20e	
Étameur de glaces.	6	20e	
Étameur ambulant d'ustensiles de cuisine. . . .	8	40e	
Étoffes de toute nature [Marchand d'].	»	»	Voir *Nouveautés.*
Étoupes [Marchand d'].	8	40e	
Étriers [Fabricant d'], pour son compte.	5	20e	
Étriers [Fabricant d'], à façon.	7	40e	
Étrilles [Fabricant d'], pour son compte.	5	20e	
Étrilles [Fabricant d'], à façon	7	40e	

PROFESSIONS.	CLASSES et DROITS fixes.	DROITS propor- tionnels.	OBSERVATIONS.
Éventailliste [Marchand fabricant], ayant bouti- que ou magasin.	6	20e	
Éventailliste [Fabricant], pour son compte. .	7	40e	
Éventailliste [Fabricant], à façon.	8	40e	
Expert pour le partage et l'estimation des pro- priétés.	7	40e	
Fabrication dans les prisons [Entrepreneur de], pour un atelier de vingt-cinq détenus et au-dessous.	fixe. 25 f.	15e	Au proportionnel sur le loyer d'habita- tion seulement.
Par chaque détenu en sus, cinquante centimes jusqu'au maximum de 500 f.			
Fabrication dans les dépôts de mendicité [Entre- preneur de]. Moitié du droit ci-dessus fixé pour les entrepreneurs de fabrication dans les prisons.	fixe. »	»	dito. dito.
Facteur aux halles de Paris.			
Pour les farines, le beurre, les œufs, les fromages et le poisson salé.	fixe. 150 f.	15e	
Pour les grains, graines et grenailles, la marée, les huîtres et les cuirs. . . .	100 f.	15e	
Pour le poisson d'eau douce, la volaille, le gibier, les agneaux, cochons de lait, veaux de rivière et de présalé, les veaux, les charbons de bois arrivés par eau, les draps, les toiles, les four- rages.	75 f.	15e	
Pour le charbon de bois arrivé par terre où pour le charbon de terre.	50 f.	15e	
Pour les fruits et légumes.	25 f.	15e	
Facteur de denrées et marchandises (partout ail- leurs qu'à Paris).	4	20e	

PROFESSIONS.	CLASSES et DROITS fixes.	DROITS propor- tionnels.	OBSERVATIONS.
Facteur de fabrique.	6	20ᵉ	
Fagots et bourrées [Marchand de], vendant par voiture.	6	20ᵉ	
Fagots [Marchand de] en détail , vendant au fagot.	8	40ᵉ	
	fixe par four.		
Faïence [Manufacture de], par four.	25 f.	$\frac{20e}{40}$	
Jusqu'au maximum de 150 f.	»	»	
Faïence [Marchand de].	6	20ᵉ	
Faines [Marchand de].	8	40ᵉ	
Falourdes [Débitant de].	8	40ᵉ	
Fanons ou barbes de baleine [Marchand de] en gros.	1	15ᵉ	
Fanons [Marchand de] en demi-gros.	2	20ᵉ	
Farines [Marchand de] en gros	4	20ᵉ	
Farines [Marchand de] en détail.	6	20ᵉ	
Faux et faucilles [Fabrique de]. Dix ouvriers et au-dessous.	fixe. 25 f.	$\frac{20e}{40}$	
Et trois francs par chaque ouvrier en sus de ce nombre , jusqu'au maxi- mum de 300 f.	»	»	
Fécules de pomme de terre [Fabrique de], ayant dix ouvriers et au-dessous. . . .	fixe. 25 f.	$\frac{20e}{28}$	
Et trois francs par chaque ouvrier en sus, jusqu'au maximum de 200 f. . .	»	»	
Fendeur de brins de baleine.	7	40ᵉ	

PROFESSIONS.	CLASSES et DROITS fixes.	DROITS proportionnels.	OBSERVATIONS.
Fer en barres [Marchand de] en gros. Celui qui vend habituellement par parties d'au moins cinq cents kilogrammes.	1	15e	
Fer en barres [Marchand de] en détail. Celui qui vend habituellement par quantité inférieure à cinq cents kilogrammes. . . .	4	20e	
Fer en meubles [Marchand de].	3	20e	
Fer-blanc [Fabrique de], jusqu'à vingt ouvriers. Plus trois francs par chaque ouvrier en sus, jusqu'au maximum de 400 f.	fixe. 100 f.	$\frac{20e}{40}$	
Ferblantier-Lampiste.	5	20e	
Ferblantier.	6	20e	
Ferblantier en chambre.	7	40e	
Ferrailleur.	7	40e	
Ferronnerie, serrurerie et clous forgés [Fabricant de], ayant dix ouvriers et au-dessous. Et trois francs par chaque ouvrier en sus, jusqu'au maximum de 300 f.	fixe. 25 f.	$\frac{20e}{40}$	
Ferronnier.	5	20e	
Feuilles de blé de Turquie [Marchand de].	8	40e	
Feutre [Fabricant et marchand de], pour la papeterie, le doublage des navires, plateaux vernis.	6	20e	
Fiacre [Loueur de], s'il a plusieurs voitures. . .	5	20e	
Fiacre [Loueur de], s'il n'a qu'une voiture. . .	7	40e	

PROFESSIONS.	CLASSES et DROITS fixes.	DROITS proportionnels.	OBSERVATIONS.
Figures en cire [Mouleur de], à façon.	8	40e	
Fil de coton, chanvre, lin [Fabrique de] . . . Pour un ou deux moulins. . . . . . Plus, dix francs par chaque moulin en sus, jusqu'au maximum de 400 fr.	fixe. 15 f.	$\frac{20e}{50}$	
Filagraniste.	6	20e	
Filasse de nerfs [Fabricant de], pour son compte.	6	20e	
Filasse de nerfs [Fabricant de], à façon. . . .	8	40e	
Filature de coton au-dessous de cinq cents broches (non compris les métiers préparatoires). . . . . Pour chaque centaine de broches au-dessus de cinq cents, un franc cinquante centimes, jusqu'au maximum de 400 fr.	fixe. 10 f.	$\frac{20e}{50}$	
Filature de laine, chanvre, lin au-dessous de cinq cents broches (non compris les métiers préparatoires). . . . . Plus, trois francs par chaque centaine de broches au-dessus de cinq cents, jusqu'au maximum de 400 fr.	fixe. 15 f.	$\frac{20e}{80}$	
Filets pour la pêche, la chasse, etc. [Fabricant de].	6	20e	
Fileur [Entrepreneur].	6	20e	
Filoselle [Marchand de].	»	»	Voir *Fleurets*.
Filotier.	6	20e	
Fils de chanvre ou de lin [Marchand de] en détail.	4	20e	
Finisseur en horlogerie.	7	40e	

PROFESSIONS.	CLASSES et DROITS fixes.	DROITS proportionnels.	OBSERVATIONS.
Fleurets et filoselle [Marchand de] en gros. .	1	15e	
Fleurets et filoselle [Marchand de] en demi-gros.	2	20e	
Fleurets et filoselle [Marchand de] en détail.	4	20e	
Fleurs artificielles [Fabricant et marchand de].	5	20e	
Fleurs artificielles [Marchand d'apprêts et papier pour].	6	20e	
Fleurs d'oranger [Marchand de].	6	20e	
Fleuriste travaillant pour le compte des marchands.	7	40e	
Flottage [Entrepreneur de].	fixe. 25 f.	15e	Au droit proportionnel sur le loyer d'habitation seulem.
Fonderie de cuivre [Entrepreneur de] . . .	fixe.		
Ayant plusieurs laminoirs.	300 f.	$\frac{20e}{40}$	
Un laminoir ou plusieurs martinets.	200 f.	$\frac{20e}{40}$	
Se bornant à convertir le cuivre rouge en cuivre jaune.	100 fr.	$\frac{20e}{40}$	
Fonderie de cuivre et bronze [Entrepreneur de].			
Fondant des objets de grande dimension, tels que cylindres ou rouleaux d'impression pour les manufactures, ou grandes pièces de mécanique, etc. . .	fixe. 200 f.	$\frac{20e}{40}$	
Ne fondant que des objets d'art ou d'ornementation, ou des pièces de mécanique de petite dimension. . .	100 f.	$\frac{20e}{40}$	
Ne fondant que des objets d'un usage commun et de petite dimension, comme robinets, clochettes, anneaux, etc.	50 f.	$\frac{20e}{40}$	

PROFESSIONS.	CLASSES et DROITS fixes.	DROITS proportionnels.	OBSERVATIONS.
Fonderie en fer de seconde fusion [Entrepreneur de]. . . . . Fabriquant des objets de grande dimension, tels que cylindres, grilles, colonnes, pilastres, bornes et grandes pièces de mécanique, etc. . . . . 200 f.	fixe.	$\frac{20e}{40}$	
Ne fabriquant que des objets de petite dimension pour l'ornementation, ou de petites pièces de mécanique. . 100 f.		$\frac{20e}{40}$	
Fondeur d'étain, de plomb, ou fonte de chasse. . 6		20e	
Fondeur d'or et d'argent. 3		20e	
Fondeur en fer, en bronze ou en cuivre (avec des creusets ordinaires). 5		20e	
Fontaines à filtrer [Fabricant et marchand de]. . 6		20e	
Fontaines en grès, à sable [Marchand de]. . . . 7		40e	
Fontaines publiques [Fermier de]. 6		20e	Au proportionnel sur le loyer d'habitation seulement.
Fontainier, sondeur et foreur de puits artésiens. 50 f.	fixe.	$\frac{20e}{25}$	
Fonte ouvragée [Marchand de]. 4		20e	
Forain [Marchand]. . . . . »		»	Voir *Marchands forains.*
Forces [Fabricant de], pour son compte. . . . 5		20e	
Forces [Fabricant de], à façon. 7		40e	
Forets [Fabricant de]. 7		40e	

PROFESSIONS.	CLASSES et DROITS fixes.	DROITS proportionnels.	OBSERVATIONS.
Forges et hauts-fourneaux [Maître de], ayant au moins trois hauts-fourneaux au coke.	fixe. 500 f.	$\frac{20e}{40}$	
Plusieurs hauts-fourneaux au coke, avec fonderies, forges et laminoirs.	500 f.	$\frac{20e}{40}$	
Deux hauts-fourneaux au coke. . . .	400 f.	$\frac{20e}{40}$	
Un haut-fourneau au coke, avec forges et laminoirs..	400 f.	$\frac{20e}{40}$	
Un haut-fourneau au coke, avec une fonderie..	300 f.	$\frac{20e}{40}$	
Un haut-fourneau au coke.	250 f.	$\frac{20c}{40}$	
Trois hauts-fourneaux au bois, et plus.	400 f.	$\frac{20e}{40}$	
Un établissement ou un ensemble d'é-tablissement, réunissant à plus de quatre feux d'affinerie, ou quatre fours à pudler une fabrication de tôle, ou deux autres systèmes au moins de sous-fabrication de métaux, soit fonderie, tréfilerie, ferblanterie, métiers à clous, à pointes	400 f.	$\frac{20e}{40}$	
Un haut-fourneau au bois, avec plu-sieurs forges, ou deux hauts-four-neaux au bois, avec une seule forge	300 f.	$\frac{20B}{40}$	
Plus de deux hauts-fourneaux au bois, avec une ou plusieurs forges. . . .	400 f.	$\frac{20e}{40}$	
Deux hauts-fourneaux au bois. . . .	250 f.	$\frac{20e}{40}$	
Un haut-fourneau au bois, avec une fonderie.	250 f.	$\frac{20c}{40}$	
Un haut-fourneau au bois, avec une forge.	200 f.	$\frac{20e}{40}$	
Une ou plusieurs forges, avec lami-noirs, tréfilerie, et tout autre sys-tème de sous-fabrication métallur-gique.	200 f.	$\frac{20B}{40}$	
Un haut-fourneau au bois.	150 f.	$\frac{20e}{40}$	

PROFESSIONS.	CLASSES et DROITS fixes.	DROITS proportionnels.	OBSERVATIONS.
Une forge à trois marteaux et plus. . .	100 f.	$\frac{20e}{40}$	
Trois forges à la catalane et plus. . .	100 f.	$\frac{20e}{40}$	
Une forge où l'action des marteaux est remplacée par celle d'un laminoir cingleur	100 f.	$\frac{20e}{40}$	
Une forge à deux marteaux.	50 f.	$\frac{20e}{40}$	
Deux forges à la catalane.	50 f.	$\frac{20e}{40}$	
Une forge à un seul marteau. . . .	25 f.	$\frac{20e}{40}$	
Une forge dite catalane.	25 f.	$\frac{20e}{40}$	

Ces droits seront réduits de moitié pour les forges dites catalanes, et pour les forges à un ou deux marteaux, lorsqu'elles seront forcées, par manque ou par crue d'eau, de chômer pendant une partie de l'année équivalente au moins à quatre mois.

Forgeron de petites pièces (canons, platines).. .	5	20e	
Formaire pour la fabrication du papier, pour son compte	6	20e	
Formaire pour la fabrication du papier, à façon.	8	40e	
Formes à sucre [Fabrique de]	fixe. 25 f.	$\frac{20e}{23}$	
Vingt-cinq francs pour cinq ouvriers et au-dessous, et trois francs par chaque ouvrier en sus, jusqu'au maximum de 100 fr.			
Formier	7	40e	
Fosses mobiles inodores [Entrepreneur de].	4	20e	
Foudres [Fabricant de].	»	»	Voir *Cuves.*
Fouets, cravaches [Fabricant ou marchand de], pour son compte.	7	40e	
Fouets et cravaches [Fabricant de], à façon. .	8	40e	

PROFESSIONS.	CLASSES et DROITS fixes.	DROITS proportionnels.	OBSERVATIONS.
Fouleur de bas et autres articles de bonneterie. .	6	20e	
Fouleur de feutre pour les chapeliers. . . .	6	20e	
Foulonnier.	5	20e	
Fourbisseur [Marchand].	6	20e	
Fournaliste.	6	20e	
Fourneaux potagers [Fabricant et marchand de].	6	20e	
Fournier	7	40°	
Fournisseur général dans les prisons et dépôts de mendicité. A forfait et par tête de détenu, pour une population de trois cents détenus et au-dessous. . . . . Par cent détenus en sus, 25 francs, jusqu'au maximum de 500 fr.	fixe. 150 f.	15e	Proportionnel sur le loyer d'habitation seulement.
Fournisseurs généraux d'objets concernant l'habillement, l'armement, la remonte, le harnachement et l'équipement des troupes, etc. ·	fixe. 1000 f.	15e	
De subsistances aux armées.	1000 f.	15e	
De bois et lumières aux troupes. . .	1000 f.	15e	
Fournisseur des objets ci-dessus indiqués, par division militaire.	fixe. 150 f.	15e	
Fournisseur de fourrages aux troupes, dans les garnisons.	fixe. 100 f.	15e	
Fournisseur de vivres et fourrages, dans un gîte d'étape	fixe. 25 f.	15e	
Fournisseur de bois et lumière aux troupes, dans les garnisons	fixe. 25 f.	15e	

PROFESSIONS.	CLASSES et DROITS fixes.	DROITS proportionnels.	OBSERVATIONS.
Fourrages [Marchand de], par bateaux, charrettes ou voitures.	5	20e	
Fourrage [Débitant de], à la botte ou en petite partie au poids.	6	20h	
Fourreaux pour sabres, épées, baïonnettes [Fabricant de], pour son compte.	7	40e	
Fourreaux pour sabres, épées, baïonnettes [Fabricant de], à façon.	8	40e	
Fourreur.	4	20e	
Fourrures [Marchand de].	»	»	Voir *Pelleteries.*
Frangier [Marchand].	5	20e	
Frangier [Fabricant], pour son compte.	7	40e	
Frangier [Fabricant], à façon.	8	40e	
Frappeur de gaze.	8	40e	
Fretin [Marchand de].	7	40e	
Fripier.	6	20e	
Friteur ou **Friturier**, en boutique.	7	40e	
Friseur de drap, et autres étoffes de laine. . .	7	40e	
Fromages secs [Marchand de] en gros. . . .	1	15e	
Fromages de pâte grasse [Marchand de] en gros.	4	20e	
Fromages de pâte grasse [Marchand de] en détail.	6	20e	
Fromages secs [Marchand de] en demi-gros.	4	20e	

PROFESSIONS.	CLASSES et DROITS fixes.	DROITS proportionnels.	OBSERVATIONS.
Fromages secs [Marchand de] en détail. . . .	6	20e	
Fruitier.	7	40e	
Fruitier oranger.	6	20e	
	fixe.		Proportionnel sur le loyer d'habitation seulement.
Fruits sur bateaux [Marchand de].	50 f.	15e	
Fruits secs [Marchand de] en gros.	1	15e	
Fruits secs [Marchand de] en demi-gros. . . .	3	20e	
Fruits secs [Marchand de] en détail.	6	20e	
Fruits secs pour boissons, [Marchand de]. . .	6	20e	
Fumiste.	6	20e	
Fuseaux [Fabricant de].	8	40e	
Gabare [Maître de] ou Gabier.	7	40e	
Gaînier [Fabricant] pour son compte.	7	40e	
Gaînier, à façon.	8	40e	
Galettes, Gaufres, Brioches et Gâteaux [Marchand de] en boutique.	7	40e	
Galochier.	7	40e	
Galonnier [Marchand].	5	20e	
Galonnier [Fabricant], pour son compte. . . .	7	40e	
Galonnier, à façon.	8	40e	
Gantier [Marchand-fabricant].	3	20e	
Gantier [Marchand].	5	20e	

PROFESSIONS.	CLASSES et DROITS fixes.	DROITS proportionnels.	OBSERVATIONS.
Garde du commerce.	4	20e	
Garde-malade.	exempt.		
Garde-robes inodores [Fabricant et Marchand de].	6	20e	
Gare [Entrepreneur de].	fixe. 100 f.	15e	Proportionnel sur le loyer d'habitation seulement.
Gargotier.	7	40e	
Garnisseur d'étuis pour instruments de musique.	8	40e	
Garnitures de parapluies et cannes, telles que bouts, anneaux, cannes, manches [fabricant de].	8	40e	
Gâteaux et Gaufres [Marchand et fabricant de].	»	»	Voir *Galette*.
Gaufreur d'étoffes, de rubans, etc.	7	40e	
Gaules et perches [Marchand de].	7	40e	
Gaz pour l'éclairage [Fabrique de].			
Pour les fabriques qui fournissent l'éclairage de tout ou partie de la ville de Paris.	fixe. 600 f.	$\frac{15e}{40}$	
Des villes de cinquante mille âmes et au-dessus.	400 f.	$\frac{15e}{40}$	Au 15e sur le loyer d'habitation.
Des villes de trente mille âmes et au-dessus.	200 f.	$\frac{15e}{40}$	Au 40e sur les locaux serv. à l'exercice de la profession.
Des villes de quinze mille à trente mille âmes.	150 f.	$\frac{15e}{40}$	
Des villes au-dessous de quinze mille âmes..	75 f.	$\frac{15e}{40}$	

PROFESSIONS.	CLASSES et DROITS fixes.	DROITS propor- tionnels.	OBSERVATIONS.
Gélatine [Fabrique de], ayant cinq ouvriers et au-dessous. . . . . Et trois francs par chaque ouvrier en sus, jusqu'au maximum de 200 fr.	fixe. 25 f.	$\frac{20e}{15}$	
Géorama [Directeur de]	»	»	Voir *Diorama.*
Gibernes [Fabricant de], pour son compte. . .	6	20e	
Gibernes [Fabricant de], à façon.	8	40e	
Gibier [Marchand de].	»	»	Voir *Volailles.*
Glaces [Manufacture de].	fixe. 400 f.	$\frac{20e}{40}$	
Glaces [Marchand de] (miroitier)	5	20e	
Glace, eau congelée [Marchand de].	6	20e	
Glacier.	5	20e	
Glacier-Limonadier.	3	20e	
Glacières [Maître de].	fixe. 50 f.	$\frac{20e}{25}$	
Globes terrestres et célestes [Fabricant et marchand de].	6	20e	
Gobeleterie [Manufacture de]. Cinquante francs par four de fusion, jusqu'au maximum de 300 fr.	»	$\frac{20e}{40}$	Pour les marchan. voir *Verroterie.*
Gommeur d'étoffes.	6	20e	
Goudrons.	»	»	Voir *Braies.*
Graines fourragères, oléagineuses et autres [Marchand de] en gros.	1	15e	

PROFESSIONS.	CLASSES et DROITS fixes.	DROITS proportionnels.	OBSERVATIONS.
Graines fourragères, oléagineuses et autres [Marchand de] en demi-gros.	4	20e	
Graines fourragères, oléagineuses et autres [Marchand de] en détail.	7	40e	
Graines [Marchand de] en détail.	6	20e	
Graine de moutarde blanche [Marchand de]. . .	6	20e	
Grainetier - Fleuriste [Expéditeur].	4	20e	
Grainetier - Fleuriste en détail.	6	20e	
Grainier ou Grainetier	7	40e	
Grains [Marchand de] en gros.	4	20e	
Gravatier.	7	40e	
Graveur sur bois.	8	40e	
Graveur en caractères d'imprimerie.	7	40e	
Graveur sur cylindres.	4	20e	
Graveur sur métaux (Fabricant des timbres secs et gravant sur bijoux).	6	20e	
Graveur sur métaux, se bornant à graver des cachets ou des planches pour factures et autres objets dits *de ville*.	7	40e	
Graveur de musique.	8	40e	
Graveur [Artiste], ne vendant que le produit de son art.	exempt.		
Gravures [Marchand de].	»	»	Voir *Estampes.*
Grillageur.	»	»	Voir *Epinglier.*
Grue [Maître de].	6	20e	

PROFESSIONS.	CLASSES et DROITS fixes.	DROITS propor- tionnels.	OBSERVATIONS.
Grueur	7	40ᵉ	
Guêtrier.	7	40ᵉ	
Guillocheur.	7	40ᵉ	
Guimpier	7	40ᵉ	
Halage [Loueur de chevaux pour le].	7	40ᵉ	
Halles, Marchés et emplacements sur les places publiques [Fermiers ou adjudicataires des droits de].	3	20ᵉ	Proportionnel sur le loyer d'habitation seulement.
Hameçons [Fabricant d'].	7	40ᵉ	
Harmonicas [Facteur d'].	8	40ᵉ	
Harpes [Facteur et Marchand de], ayant boutique ou magasin.	3	20ᵉ	
Harpes [Facteur de], n'ayant ni boutique ni magasin..	6	20ᵉ.	
Harts pour lier les trains de bois.	»	»	Voir *Rouettes*.
Herboriste, expéditeur.	4	20ᵉ	
Herboriste-droguiste.	6	20ᵉ	
Herboriste ne vendant que des plantes médicinales.	7	40ᵉ	
Histoire naturelle [Marchand d'objets d']. .	6	20ᵉ	
Hongroyeur ou **Hongrieur**.	4	20ᵉ.	
Hongreur.	7	40ᵉ	
Horloger.	3	20ᵉ	

PROFESSIONS.	CLASSES et DROITS fixes.	DROITS proportionnels.	OBSERVATIONS.
Horloger-rhabilleur [Marchand].	6	20e	
Horloger-rhabilleur, non marchand. . . .	7	40e	
Horloger-repasseur.	7	40e	
Horlogerie [Marchand en gros de pièces de].	1	15e	
Horlogerie [Marchand de fournitures d']. . . .	4	20e	
Horlogerie [Fabricant de pièces d'], pour son compte.	6	20e	
Horlogerie [Fabricant de pièces d'], à façon. .	7	40e	
Horloges en bois [Fabricant ou marchand de].	7	40e	
Hôtel garni [Maître d'], tenant un restaurant à la carte.	3	$\frac{20e}{40}$	Au 20e sur le loyer d'habitation, et sur la partie servant au restaurant Au 40e sur les locaux serv. à l'exercice de la profession.
Hôtel garni [Maître d'].	4	$\frac{20e}{40}$	Au 20e sur le loyer d'habitation. Au 40e sur la partie occupée par le garni.
Houblon [Marchand de] en gros.	3	20e	
Houblon [Marchand de] en demi-gros. . . .	4	20e	
Huiles [Marchand d'] en gros.	1	$\frac{15e}{30}$	Au 15e sur le loyer d'habitation ; au 30e sur les locaux serv. à l'exercice de la profession.
Huiles [Marchand d'] en demi-gros.	2	20e	
Huiles [Marchand d'] en détail.	4	20e	
Huissier.	exempt.		
Huîtres [Marchand expéditeur d'], avec voitures servies par des relais.	fixe. 100 f.	$\frac{20e}{40}$	

PROFESSIONS.	CLASSES et DROITS fixes.	DROITS proportionnels.	OBSERVATIONS.
Huîtres [Marchand d']	6	20e	
Hydromel [Fabricant et marchand d']	3	20e	
Ifs à bouteilles.	»	»	Voir *Planches.*
Images [Fabricant ou marchand d'].	6	20e	
Imprimeur d'étoffes. Pour vingt-cinq tables et au-dessous.	fixe. 50 f.	$\frac{20e}{50}$	
Plus 3 fr. par table en sus, jusqu'au maximum de 400 f.	»	»	
Un roulon comptera pour 25 tables, et quatre pérotines pour un rouleau.	»	»	
Imprimeur-Libraire.	3	20e	
Imprimeur-Lithographe éditeur.	6	20e	
Imprimeur-Lithographe non éditeur. . .	7	40e	
Imprimeur sur porcelaine, faïence, verre, cristaux, émail, etc.	7	40e	
Imprimeur en taille-douce pour objets dits *de ville.*	7	40e	
Imprimeur-Typographe.	3	20e	S'il emploie des presses mécaniques il ne sera passible que du 40e pour le droit proportionnel.
Inhumations et pompes funèbres de Paris [Entreprises de].	fixe. 1000 f.	15e	
Inhumations et pompes funèbres dans les villes autres que Paris.	1	15e	
Instituteur primaire.	exempt.		

PROFESSIONS.	CLASSES et DROITS fixes.	DROITS proportionnels.	OBSERVATIONS.
Institution [Chef d'].	exempt.		
Instruments aratoires [Fabricant d']. . .	6	20e	
Instruments de chirurgie en métal [Fabricant et marchand d'].	5	20e	
Instruments de chirurgie en gomme élastique [Fabricant d'].	6	20e	
Instruments de musique à vent, en bois ou cuivre [Facteur d'].	6	20e	
Instruments pour les sciences [Facteur et marchands], ayant boutique et magasin. .	4	20e	
Instruments pour les sciences [Facteur et marchands d'], sans boutique ni magasin. .	6	20e	
Ivoire [Marchand d'objets en].	5	20e	
Ivoire [Fabricant d'objets en], pour son compte.	6	20c	
Ivoire [Fabricant d'objets en], à façon.	7	40e	
Jais ou jaïet [Fabricant ou marchand d'objets en]	6	20e	
Jambons [Marchand-expéditeur de].	3	20e	
Jardin public [Tenant un].	4	$\frac{20e}{40}$	Au 20e sur le loyer d'habitation; au 40e sur les locaux serv. à l'exercice de la profession.
Jarretières.	»	»	Voir *Bretelles*.
Jaugeage des liquides [Adjudicataire des droits de].	4	20e	Au proportionn. sur le loyer d'habitation seulement.
Jaugeur juré pour les liquides.	5	20e	

PROFESSIONS.	CLASSES et DROITS fixes.	DROITS proportionnels.	OBSERVATIONS.
Jeu de paume [Maître de].	5	$\frac{20e}{40}$	Au 20e sur le loyer d'habitation ; Au 40e sur les locaux serv. à l'exerc. de la profession.
Joaillier [Fabricant et marchand], ayant atelier et magasin.	2	20e	
Joaillier [Marchand], n'ayant point d'atelier . .	3	20e	
Joaillier [Fabricant], pour son compte	5	20e	
Joaillier, à façon.	7	40e	
Kaolin [Exploitant une usine à pulvériser le]. . Par chaque usine. . . . . Jusqu'au maximum de 100 francs.	fixe. 15 f.	$\frac{20e}{40}$	

Ce droit sera réduit de moitié pour les usines qui sont forcées, par manque ou par crue d'eau, de chômer pendant une partie de l'année équivalente au moins à quatre mois.

Kaolin et pétunzé [Marchand de].	6	20e	
Laboureur et cultivateur	exempts.		

Seulement pour la vente et la manipulation des récoltes et fruits provenant des terrains qui leur appartiennent ou par eux exploités, et pour le bétail qu'ils y élèvent et engraissent.

Laine brute ou lavée [Marchand de] en gros. . .	1	15e	
Laine brute ou lavée [Marchand de] en détail. .	4	20e	
Laine filée ou peignée [Marchand de] en gros. .	1	15e	
Laine filée ou peignée [Marchand de] en demi-gros.	2	20e	

PROFESSIONS.	CLASSES et DROITS fixes.	DROITS propor- tionnels.	OBSERVATIONS.
Laine filée [Marchand de] en détail.	4	20e	
Laineur.	4	20e	
Lait d'ânesse [Marchand de].	7	40e	
Laitier.	»	»	Voir *Crèmier*.
	fixe.		
Lamier-rotier, par procédés mécaniques.	50 f.	$\frac{20e}{40}$	
Lamier-rotier, pour son compte.	7	40e	
Lamier-rotier, à façon.	8	40e	
Laminerie [Entrepreneur de]	fixe.		
Ayant 3 paires de cylindres et au-dessus	300 f.	$\frac{20e}{40}$	
Ayant deux paires de cylindres de grande dimension.	250 f.	$\frac{16e}{40}$	
Ayant une seule paire de cylindres de grande dimension, ou deux paires de cylindres de petite dimension, au-des- sous d'un mètre de longueur.	200 f.	$\frac{20e}{40}$	
Ayant une seule paire de cylindres de pe- tite dimension, au-dessous d'un mètre de longueur.	100 f.	$\frac{20e}{40}$	
Lamineur, par les procédés ordinaires.	6	20e	
Lampiste.	5	20e	
Langueyeur de porcs.	8	40e	
Lanternier.	6	20e	
Lapidaire en pierres fausses [Fabricant ou mar- chand], ayant boutique ou magasin. . . .	5	20e	
Lapidaire, à façon.	7	40e	
Lattes [Marchand de] en gros.	3	20e	

PROFESSIONS.	CLASSES et DROITS fixes.	DROITS propor- tionnels.	OBSERVATIONS.
Lattes [Marchand de] en détail	6	20e	
Laveur de laines.	5	20e	
Lavoir public [Tenant un].	6	20e	
Layetier.	6	20e	
Layetier-emballeur.	5	20e	
Layettes d'enfant [Marchand de].	7	40e	
Légumes secs [Marchand de] en gros.	4	20e	
Légumes secs [Marchand de] en détail. . . .	7	40e	
Levure ou Levain [Marchand de].	6	20e	
Libraire.	5	20e	
Libraire-éditeur.	3	20e	
Lie de vin [Marchand de].	7	40e	
Liège brut [Marchand de] en gros.	1	15e	
Liège brut [Marchand de] en détail.	5	20e	
Limailles [Marchand de].	8	40e	
	fixe.		
Limes [Fab. de], ayant dix ouvriers et au-dessous. Trois francs pour chaque ouvrier en sus, jusqu'au maximum de 300 francs.	25 f.	$\frac{20e}{40}$	
Limes [Tailleur de].	8	40e	
Limonadier non glacier.	4	20e	
Lin ou chanvre brut ou filé [Marchand de] en gros.	1	15e	

PROFESSIONS.	CLASSES et DROITS fixes.	DROITS propor- tionnels.	OBSERVATIONS.
Lin ou chanvre brut ou filé [Marchand de] en demi-gros.	2	20e	
Lin ou chanvre brut ou filé [Marchand de] en détail.	6	20e	
Lin ou chanvre brut ou filé [Fabricant de] .	7	40e	
Linge [Marchand de vieux].	7	40e	
Linge de table et de ménage [Loueur de].	6	20e	
Linger fournisseur.	3	20e	
Linger.	6	20e	
Liqueurs [Fabricant d']	3	20e	
Liqueurs [Marchand de] en gros	1	15e	
Liqueurs [Marchand de] en détail.	4	20e	
Liqueurs et eaux-de-vie [Débitant de]. . .	7	40e	
Lithochrome [Imprimeur]	6	20e	
Lithochromies [Marchand de].	6	20e	
Lithographies [Marchand de].	6	20e	
Lithophanies pour stores [Fabricant et marchand de].	6	20e	
Lits militaires [Entreprise générale des]. .	fixe. 1000 f.	$\frac{20e}{40}$	
Livrets [Fabricant de] pour les batteurs d'or et d'argent.	8	40e	
Logeur.	7	40e	

PROFESSIONS.	CLASSES et DROITS fixes.	DROITS proportionnels.	OBSERVATIONS.
Loueur en garni	6	$\frac{200}{40}$	Au 20e sur le loyer d'habitation ; Au 40e sur la partie occupée par le garni.
Loueur en garni, s'il ne loue qu'une chambre.	8	40e	
Loueur de livres.	7	40e	
Loueur de tableaux et dessins.	6	20e	
Loueur de voitures suspendues.	5	20e	
Lunetier [Marchand].	5	20e	
Lunetier [Fabricant]	6	20e	
Lunettes [Fabrique de verres de].	7	40e	
Lustres [Fabricant et marchand de].	4	20e	
Lustreur de fourrures.	6	20e	
Lutherie [Marchand de fournitures de]. . . .	5	20e	
Luthier [Fabricant], pour son compte.	5	20e	
Luthier [Fabricant], à façon.	7	40e	
Machines à vapeur, presses pour l'imprimerie, métiers mécaniques pour la filature et pour le tissage, et autres grandes machines [Constructeur de]	fixe.		
Employant moins de vingt-cinq ouvriers.	100 f.	$\frac{20e}{80}$	
De cinquante ouvriers.	200 f.	$\frac{20e}{80}$	
Plus de cinquante ouvriers.	300 f.	$\frac{20e}{80}$	
Maçon [Maître-].	6	20e	
Maçonnerie [Entrepreneur de].	4	20e	

PROFESSIONS.	CLASSES et DROITS fixes.	DROITS proportionnels.	OBSERVATIONS.
	fixe.		Proportionnel sur le loyer d'habitation seulement.
Madragues [Fermier de].	25 f.	15e	
Magasin de plusieurs espèces de marchandises [Tenant un], lorsqu'il occupe habituellement au moins 25 personnes préposées à la vente.	fixe. 1000 f.	15e	
Magasinier	5	$\frac{20e}{40}$	Au 20e sur le loyer d'habitation; au 40e sur les locaux serv. à l'exercice de la profession.
Maison particulière de retraite [Tenant une]. . .	6	$\frac{20e}{40}$	dito. dito.
Maison particulière de santé [Tenant une]. . .	fixe. 100 f.	$\frac{20e}{40}$	dito. dito.
Maître, ou patron de barque ou de bateau, naviguant pour son compte, sur les fleuves, rivières ou canaux, soit que la barque ou le bateau lui appartienne, soit qu'il l'ait loué. Si le conducteur n'est qu'un homme à gages, la patente est due par le propriétaire de la barque ou bateau . .	5	20e	
Malletier	»	»	Voir *Coffretier.*
Manége d'équitation [Tenant un]	4	$\frac{20e}{40}$	Au 20e sur le loyer d'habitation; Au 40e sur les locaux serv. à l'exercice de la profession.
Marais salants [Propriétaires et fermiers des]. .	exempts.		
Marbre [Marchand de], en gros.	3	20e	
Marbre factice [Fabricant et marchand d'objets en].	6	20e	
Marbreur sur tranches.	7	40e	
Marbrier	6	20e	

PROFESSIONS.	CLASSES et DROITS fixes.	DROITS proportionnels.	OBSERVATIONS.
Marchand forain	fixe.		
Avec voiture à un seul collier.	60 f.	15e	
A deux colliers	120 f.	15e	
A trois colliers et au-dessus, ou ayant plus d'une voiture.	200 f.	15e	
Avec bête de somme.	40 f.	15e	
Avec balle . . . . , . .	15 f.	15e	

Les droits ci-dessus sont réduits de 1\|2 lorsque le marchand forain ne vend que de la boissellerie, poterie, vannerie et balais.

PROFESSIONS.	CLASSES et DROITS fixes.	DROITS proportionnels.	OBSERVATIONS.
Marchande à la toilette. . . . . , . .	7	40e	
Maréchal expert.	5	20e	
Maréchal ferrant.	6	20e	
Mareyeur, expéditeur, avec voitures servies par des relais.	fixe. 100 f.	$\frac{20c}{40}$	
Maroquin [Fabrique de], avec machine à vapeur ou moteur hydraulique.	fixe. 100 f.	$\frac{20c}{40}$	
Maroquinier, pour son compte.	5	20e	
Maroquinier, à façon	7	40e	
Marrons et châtaignes [Marchand expéditeur de]. . . . . ,	5	20e	
Marrons [Marchand de] en détail	8	40e	
Martinets, par arbre de camage . . . . jusqu'au maximum de 200 fr.	fixe. 15 f.	$\frac{20c}{40}$	

Ce droit sera réduit de moitié pour les fabriques qui sont forcées, par manque ou par crue d'eau, de chômer pendant une partie de l'année équivalente au moins à quatre mois.

PROFESSIONS.	CLASSES et DROITS fixes.	DROITS propor- tionnels.	OBSERVATIONS.
Masques [Fabricant et marchand de]	6	20ᵉ	
	fixe.		
Mastics et ciments [Fabrique de].	50 f.	$\frac{20e}{28}$	
Matelassier	8	40ᵉ	
Matériaux [Marchand de vieux].	6	20ᵉ	
Mâts [Constructeur de].	4	20ᵉ	
Mécanicien	4	20ᵉ	
Mèches et veilleuses [Marchand et fabricant de]..	8	40ᵉ	
Médecin.	exempt.		
Mégissier, pour son compte.	5	20ᵉ	
Mégissier, à façon	7	40ᵉ	
Menuisier [Entrepreneur].	4	20ᵉ	
Menuisier-mécanicien.	5	20ᵉ	
Menuisier.	6	20ᵉ	
Merceries [Marchand de] en gros.	1	15ᵉ	
Merceries [Marchand de] en demi-gros.. . . .	2	20ᵉ	
Merceries [Marchand de] en détail	4	20ᵉ	
Mercerie [Marchand de menue].	6	20ᵉ	
Mesurage [Fermier des droits de].	»	»	Voir *Pesage.*
Mesures linéaires, règles et équerres [Fabri- cant de], pour son compte.	7	40ᵉ	
Mesures linéaires, règles et équerres [Fabri- cant de], à façon.	8	40ᵉ	

PROFESSIONS.	CLASSES et. DROITS fixes.	DROITS proportionnels.	OBSERVATIONS.
Mesureur [juré]	»	»	Voir *Peseur.*
Métaux [Marchand de] en gros, autres que l'or, l'argent, le fer en barres et la fonte. . .	1	15e	
Métaux [Marchand en demi-gros de], autre que l'or, l'argent, le fer en barre et la fonte.	2	20e	
Métaux [Marchand de] en détail, autre que l'or, l'argent, le fer en barres, la fonte. . .	4	20e	
Métiers [Fabrique à]. Pour les métiers réunis dans un corps de fabrique. . . . . . . fixe Jusqu'à cinq métiers . . . . 10 f. Et 2 f. 50 en sus, par métier, jusqu'au maximum de 400 f. Pour les métiers non réunis dans un corps de fabrique. . . . . » 2 f. 50, par chaque métier, jusqu'au maximum de 300 f. *Ces droits seront réduits de moitié pour les fabricants à façon.*	fixe 10 f. »	$\frac{20e}{80}$ $\frac{20e}{80}$	Les fabricants à métiers résidant dans les communes d'une population inférieure à vingt mille âmes ayant moins de dix métiers, et ne travaillant qu'à façon, seront exempts de tout droit proportionnel.
Métiers à bas [Forgeur de], pour son compte.	5	20e	
Métiers à bas [Forgeur de], à façon	7	40e	
Metteur en œuvre. pour son compte. . . .	6	20e	
Metteur en œuvre, à façon.	7	40e	
Meubles [Marchand de].	5	20e	
Meubles [Marchand de] d'occasion	6	20e	
Meules à aiguiser [Marchand et Fabricant de]. .	5	20e	
Meules de moulins [Fabricant de].	4	20e	
Miel et cire brute [Marchand expéditeur de] .	1	15e	
Miel et cire brute [Marchand non-expéditeur de]	4	20e	

PROFESSIONS.	CLASSES et DROITS fixes.	DROITS proportionnels.	OBSERVATIONS.
Mine de plomb [Marchand de] en gros. . . .	1	15e	
Mine de plomb [Marchand de] en détail. . .	5	20e	
Mines [Concessionnaires de].	exempts.		
Pour le seul fait de l'extraction et de la vente des matières par eux extraites.			
Minerai de fer [Marchand de], ayant magasin.	5	20e	
Minières non concessibles [Exploitant de], fixe. ayant moins de dix ouvriers	25 f.	15e	Proportionnel sur le loyer d'habitation seulement.
Plus trois francs par chaque ouvrier en sus, jusqu'au maximum de 200 f.			
Miroitier	5	20e	
Modes [Marchand de].	3	20e	
Modiste	5	20e	
Modiste, à façon.	8	40e	
Moireur d'étoffes, pour son compte	6	20e	
Moireur d'étoffes, à façon	8	40e	
Monnaies [Directeur des].	fixe.		Proportionnel sur le loyer d'habitation seulement.
A Paris	1000 f.	20e	
Dans toutes les autres villes.	500 f.	20e	dito.
Monteur de métiers.	6	20e	
Monteur en bronze	7	40e	
Monuments funèbres [Entrepreneur de]	5	20e	
Mosaïques [Marchand de].	6	20e	
Moules de boutons [Fabricant de]	8	40e	

PROFESSIONS.	CLASSES et DROITS fixes.	DROITS proportionnels.	OBSERVATIONS.
Moulin à blé, à huile, à garance, à tan, etc....	fixe.		
Six francs pour une seule paire de meules ou de cylindres.	6 f.	$\frac{20e}{40}$	
Quinze francs pour deux paires de meules ou de cylindres.	15 f.	$\frac{20e}{40}$	
Vingt-cinq francs pour trois paires de meules ou de cylindres.	25 f.	$\frac{20c}{40}$	
Quarante francs pour quatre paires de meules ou de cylindres.	40 f.	$\frac{20e}{40}$	
Et vingt francs par paire de meules ou de cylindres en sus, jusqu'au maximum de 300 f.			

Ce droit sera réduit de moitié pour les moulins à vent et pour les moulins à eau qui, par manque ou par crue d'eau, sont forcés de chômer pendant une partie de l'année équivalente au moins à quatre mois.

PROFESSIONS	CLASSES et DROITS fixes.	DROITS proportionnels.	OBSERVATIONS.
	fixe.		
Moulinier en soie, par cent tavelles . . . . Jusqu'au maximum de 200 f.	10 f.	$\frac{20c}{40}$	
Moulures [Fabricant de], pour son compte . . .	5	20e	
Moulures [Marchand de] en boutique	5	20e	
Moulures [Fabricant de], à façon.	7	40e	
Moutardier [Marchand] en gros	4	20e	
Moutardier [Marchand] en détail.	7	40e	
Moutons et agneaux [Marchand de].	4	20e	
Muletier.	7	40e	
Mulets et mules [Marchand de]	4	20e	
Mulquinier. Celui qui prépare le fil pour les chaînes servant à la fabrication des tissus.	6	20e	

PROFESSIONS.	CLASSES et DROITS fixes.	DROITS propor- tionnels.	OBSERVATIONS.
Musique [Marchand de]	5	20e	
Nacre brute [Marchand de]	3	20e	
Nacre de perles [Fabricant d'objets en], pour son compte	5	20e	
Nacre de perles [Marchand d'objets en]	5	20e	
Nacre de perles [Fabricant d'objets en], à façon	7	40e	Au 20e sur le loyer d'habitation ;
Natation [Tenant une école de]	5	20e/40	Au 40e sur les locaux serv. à l'exercice de la profession.
Nattier	8	40e	
Naturaliste [Marchand]	6	20e	
Navetier [Fabricant]	7	40e	
Navires [Constructeur de]	3	20e	
Négociant	fixe.		
A Paris	400 f.	15e	
Dans les villes de cinquante mille âmes et au-dessus	300 f.	15e	
Dans les villes de trente mille à cinquante mille âmes, et dans celles de quinze à trente mille âmes, qui ont un entrepôt réel	200 f.	15e	
Dans les villes de quinze mille à trente mille âmes, et dans les villes d'une population inférieure à quinze mille âmes, qui ont un entrepôt réel	150 f.	15e	
Dans toutes les autres communes	100 f.	15e	
Nécessaires [Marchand de]	4	20e	

PROFESSIONS.	CLASSES et DROITS fixes.	DROITS propor- tionnels.	OBSERVATIONS.
Nécessaires [Fabricant de], pour son compte. .	6	20e	
Nécessaires [Fabricant de], à façon	8	40e	
Néorama [Directeur de]	»	»	Voir *Diorama*.
Nerfs [Batteur de].	8	40e	
Noir animal [Fabrique de]	fixe. 50 f.	20e 25	
Notaire.	exempt.		
Nougat [Fabricant expéditeur de].	4	20e	
Nourrisseur de vaches et de chèvres pour le commerce du lait	6	20e	
Nouveautés [Marchand de]	2	20e	
Octroi [Adjudicataire des droits d'].	1	20e	Au droit propor- tionnel sur le loyer d'habitation seulem.
Œillets métalliques [Fabricant d'].	8	40e	
Œufs [Marchand expéditeur d']	1	15e	
Œufs [Marchand d'] en détail.	»	»	Voir *Coquetier*.
Officier de santé.	exempt.		
Oiselier.	7	40e	
Omnibus et autres voitures semblables [Entre- prise d'].	2	20e	
Or et argent [Marchand d']	2	20e	
Oranges, citrons [Marchand expéditeur d']. . .	4	20e	
Oranges, citrons [Marchand d'], en boutique et en détail.	6	20e	

PROFESSIONS.	CLASSES et DROITS fixes.	DROITS proportionnels.	OBSERVATIONS.
Orfèvre [Marchand fabricant], avec atelier et magasin	2	20e	
Orfèvre [Marchand], sans atelier.	3	20e	
Orfèvre [Fabricant], pour son compte. . . .	5	20e	
Orfèvre, à façon.	7	40e	
Orge [Exploitant un moulin à perler l']	7	40e	
Orgues d'église [Facteur d']	4	20e	
Orgues portatives [Facteur d'], pour son compte	5	20e	
Orgues portatives [Facteur d'], à façon. . .	7	40e	
Oribus [Faiseur et marchand d'].	8	40e	
Ornemaniste.	4	20e	
Ornements [Marchand d'] d'architecture. . . .	»	»	Voir *Décors.*
	fixe.		Au 20e sur le loyer d'habitation ; au 40e sur les locaux serv. à l'exercice de la profession.
Orthopédie [Tenant un établissement d']. . . .	100 f.	20e / 40	
Os, pour la fabrication du noir animal [Marchand d'] en gros.	1	15e	
Os [Fabricant d'objets en], pour son compte . . .	6	20e	
Os [Fabricant d'objets en], à façon.	8	40e	
Osier [Marchand d'].	8	40e	
Ouate [Fabricant et marchand de].	7	40e	
Ourdisseur de fils.	8	40e	
Outres [Marchand d']	6	20e	
Outres [Fabricant d'], pour son compte.	6	20e	

PROFESSIONS.	CLASSES et DROITS fixés.	DROITS proportionnels.	OBSERVATIONS.
Outres [Fabricant d'], à façon.	7	40e	
Ouvrier, à façon et à la journée.	exempt.		

On entend par ouvrier à façon celui qui travaille chez lui et chez les particuliers, sans compagnons, apprentis, enseigne ni boutique. Ne sont point considérés comme compagnons ou apprentis, la femme travaillant avec son mari, ni les enfants non mariés travaillant avec leurs père et mère, ni le simple manœuvre dont le concours est indispensable à l'exercice de la profession.

Ovaliste.	7	40e	
Paillassons [Fabricant de]	8	40e	
Paille [Fabricant de tissus pour les chapeaux de], pour son compte.	6	20e	
Paille [Fabricant de tissus pour les chapeaux de] à façon..	7	40e	
Paille [Fabricant de tresses, cordonnets, etc., en].	7	40e	
Paille teinte [Fabricant et marchand de], ...	7	40e	
Paillettes et paillons [Fabricant de], pour son compte	6	20e	
Paillettes et paillons [Fabricant de], à façon.	8	40e	
Pain à cacheter et à chanter [Fabricant et marchand de].	6	20e	
Pain [Marchand de] en boutique.	7	40e	
Pain-d'épices [Fabricant ou marchand de] en boutique.	6	20e	
Panorama [Directeur d']	»	»	Voir *Diorama*.

PROFESSIONS.	CLASSES et DROITS fixes.	DROITS proportionnels.	OBSERVATIONS.
Papeterie à la cuve...	fixe.		
Par cuve	15 f.	$\frac{20e}{40}$	
Jusqu'au maximum de 100 f.			
Ce droit sera réduit de moitié pour les papeteries à la cuve qui sont forcées, par manque, ou par crue d'eau, de chômer pendant une partie de l'année équivalente au moins à quatre mois.			
Papeterie à la mécanique	fixe.		
La première machine.	150 f.	$\frac{20e}{40}$	
Plus 50 f. par machine, jusqu'au maximum de 400 f.			
Papetier [Marchand] en gros.	1	15e	
Papetier [Marchand] en détail	4	20e	
Papiers de fantaisie [Fabricant de], pour son compte	6	20e	
Papiers de fantaisie [Fabricant de], à façon	7	40e	
Papiers peints pour tenture [Fabrique de].	fixe.		
Pour quinze tables et au-dessous	40 f.	$\frac{20e}{40}$	
Et trois francs par table en sus, jusqu'au maximum de 300 f.			
Un cylindre sera compté pour 25 tables.			
Papiers peints pour tentures [Marchand de].	5	20e	
Papiers verrés ou émerisés [Fabricant de].	8	40e	
Paquebots à vapeur.	»	»	Voir *Bateaux*.
Parapluies [Fabricant et marchand de]	6	20e	
Parc aux charrettes [Tenant un].	5 f.	$\frac{20e}{40}$	Au 20e sur le loyer d'habitation ; Au 40e sur les locaux serv. à l'exercice de la profession.
Parcheminier, pour son compte	6	20e	
Parcheminier, à façon	8	40e	

PROFESSIONS.	CLASSES et DROITS fixes.	DROITS proportionnels.	OBSERVATIONS.
Parfumeur [Marchand] en gros	1	15e	
Parfumeur [Marchand] en détail.	5	20e	
Parqueteur [Menuisier].	6	20e	
Passementier [Marchand].	5	20e	
Passementier [Fabricant], pour son compte . .	7	40e	
Passementier [Fabricant], à façon	8	40e	
Pastel [Marchand de] en gros	1	15e	
Pastel [Marchand de] en détail	4	20e	
Patachier.	7	40e	
Pâtes alimentaires [Fabrique de], ayant cinq ouvriers et au-dessous. . . . . Et trois francs par chaque ouvrier, jusqu'au maximum de 200 f.	fixe, 25 f.	20e/25	
Pâtes alimentaires [Marchand de].	6	20e	
Pâte de rose [Fabricant de bijoux en].	8	40e	
Pâtissier expéditeur.	3	20e	
Pâtissier non-expéditeur.	4	20e	
Pâtissier-brioleur.	7	40e	
Pavage des villes [Entrepreneur de].	3	20e	
Pavés [Marchand de].	5	20e	
Paveur	6	20e	
Peaussier [Marchand] en gros.	1	15e	
Peaussier [Marchand] en détail	4	20e	

7

PROFESSIONS.	CLASSES et DROITS fixes.	DROITS proportionnels	OBSERVATIONS.
Peaux en vert ou crues [Marchand de].	4	20e	
Peaux de lièvres et lapins [Marchand de], en boutique.	6	20e	
Pêche [Adjudicataire ou fermier de], pour un prix de 2,000 f. et au-dessus.	6	20e	
Pêche [Adjudicataire ou fermier de], pour un prix de ferme de 500 à 2,000 f.	7	40e	
Pêche [Adjudicataire ou fermier de], pour un prix de ferme au-dessous de 500 f.	8	40e	
Pêcheur, même lorsque la barque lui appartient.	exempt.		
Pédicure	7	40e	
Peignes [Marchand de], en boutique.	6	20e	
Peignes d'écaille [Fabricant de], pour son compte.	6	20e	
Peignes d'écaille [Fabricant de], à façon.	8	40e	
Peignes en cannes ou roseaux, pour le tissage [Fabricant et marchand de].	8	40e	
Peignes à sérancer [Fabricant de], pour son compte.	6	20e	
Peignes à sérancer [Fabricant de], à façon.	8	40e	
Peignes de soie [Marchand de].	5	20e	
Peigneur de chanvre, de lin ou de laine.	7	40e	
Peintre artiste ne vendant que le produit de son art.	exempt.		
Peintre en armoiries, attributs et décors.	7	40e	

PROFESSIONS.	CLASSES et DROITS fixes.	DROITS proportionnels.	OBSERVATIONS.
Peinture en bâtiments [Entrepreneur de]	4	20e	
Peintre en bâtiments, non-entrepreneur.	6	20e	
Peintre ou doreur, soit sur verre ou cristal, soit sur porcelaine, pour son compte.	7	40e	
Peintre ou doreur, soit sur verre ou cristal, soit sur porcelaine, à façon.	8	40e	
Peintre-vernisseur, en voitures ou équipages.	5	20e	
Pelleteries et fourrures [Marchand de] en gros. S'il tire habituellement des pelleteries de l'étranger, ou s'il en envoie.	1	15e	
Pelleteries et fourrures [Marchand de] en détail.	4	20e	
Pelles de bois [Fabricant et marchand de].	8	40e	
Pendules et bronzes [Marchand de] en gros.	1	15e	
Pendules et bronzes [Marchand de] en détail.	3	20e	
Pension [Maître de].	exempt.		
Pension bourgeoise [Tenant].	6	20e	
Pension particulière de vieillards [Tenant].	6	20e	
Perceur de perles	8	40e	
Perches [Marchand de].	»	»	Voir Gaules.
Perles fausses [Marchand de].	5	20e	
Perles fausses [Fabricant de], pour son compte.	6	20e	
Perles fausses [Fabricant de], à façon.	8	40e	
Perruquier.	7	40e	

PROFESSIONS.	CLASSES et DROITS fixes.	DROITS proportionnels.	OBSERVATIONS
Pesage et mesurage [Fermiers des droits de].	4	20e	Proportionnel sur le loyer d'habitation seulement.
Peseur et mesureur juré	6	20e	
Petunzé [Marchand].	»	»	Voir *Kaô lin.*
Pharmacien.	3	20e	
Pianos et clavecins [Facteurs ou marchands de], en boutique ou magasin.	3	20e	
Pianos et clavecins [Facteurs ou marchands de], sans boutique ni magasin.	6	20e	
Pierre artificielle ou factice [Fabricant d'objets en].	4	20e	
Pierres bleues [Marchand de], pour le blanchissage du linge.	6	20e	
Pierres à brunir [Fabricant et marchand de] . .	6	20e	
Pierres brutes [Marchand de].	5	20e	
Pierres fausses [Fabricant de].	6	20e	
Pierres à feu [Fabricant expéditeur de]	fixe. 25 f.	$\frac{20e}{25}$	
Pierres fines [Marchand de].	1	15e	
Pierres lithographiques [Marchand de].	5	20e	
Pierres à rasoirs [Fabricant et Marchand de] . .	»	»	Voir *Cuirs à rasoirs.*
Pierres taillées [Marchand de].	6	20e	
Pierres de touche [Marchand de].	7	40e	
Pinceaux [Fabricant de], pour son compte. . .	6	20e	
Pinceaux [Fabricant de], à façon	8	40e	
Pipes [Fabrique de]. . . . . Vingt-cinq francs par four, jusqu'au maximum de 150 fr.	»	$\frac{20e}{25}$	

PROFESSIONS.	CLASSES et DROITS fixes.	DROIT propor- tionnels.	OBSERVATIONS.
Pipes [Marchand de]	6	20e	
Piqueur de cartes à dentelles.	8	40e	
Piqueur de grès.	8	40e	
Piquonnier	7	40e	
Plafonneur.	6	20e	
Planches [Marchand de] en gros.	1	15e	
Planches [Marchand de] en détail.	5	20e	
Planches ou ifs à bouteilles [Fabricant de].	7	40e	
Planeur en métaux.	7	40e	
Plaqué ou doublé d'or et d'argent [Fabri- cant et marchand d'objets en].	3	20e	
Plaqueur.	7	40e	
Plâtre [Fabrique de].	fixe.		
Pour un four.	15 f.	$\frac{20e}{25}$	
Pour deux fours.	30 f.	$\frac{20e}{25}$	
Pour trois fours et au-dessus. . . .	50 f.	$\frac{20e}{25}$	
Plâtre [Marchand de].	6	20e	
Plâtrier maçon.	6	20e	
Plieur d'étoffes.	4	20e	
Plieur de fils de soie, à façon.	8	40e	
Plomb de chasse [Fabricant ou marchand de].	6	20e	
Plombier.	5	20e	
Plumassier [Fabricant et marchand].	5	20e	

PROFESSIONS.	CLASSES et DROITS fixes.	DROITS propor- tionnels.	OBSERVATIONS.
Plumassier, à façon.	8	40e	
Plume et duvet [Marchand de] en gros	1	15e	
Plume et duvet [Marchand de] en détail	3	20e	
Plumeaux [Marchand fabricant de], pour son compte.	7	40e	
Plumeaux [Fabricant de], à façon.	8	40e	
Plumes à écrire, marchand expéditeur.	3	20e	
Plumes à écrire [Marchand de], non-expéditeur.	5	20e	
Plumes à écrire [Apprêteur de].	8	40e	
Plumes métalliques [Marchand fabricant de].	6	20e	
Poêlier en faïence, fonté, etc.	6	20e	
Pointes [Fabrique de], par procédés ordinaires. Ayant dix ouvriers et au-dessous.	fixe. 25 f.	$\frac{20e}{23}$	
Plus, trois francs par chaque ouvrier en sus, jusqu'au maximum de 300 f.			
Poires à poudre [Fabricant de], pour son compte.	7	40e	
Poires à poudre [Fabricant de], à façon.	8	40e	
Pois d'iris [Fabricant de].	8	40e	
Poisson frais [Marchand de], vendant par forte partie aux détaillants.	5	20e	
Poisson salé, mariné, sec et fumé [Marchand de] en gros.	1	15e	
Poisson salé, mariné, sec et fumé [Marchand de] en demi-gros.	3	20e	
Poisson [Marchand de] en détail.	7	40e	
Poix [Fabrique de].	»	»	Voir *Brais*.

PROFESSIONS.	CLASSES et DROITS fixes.	DROITS proportionnels.	OBSERVATIONS.
Polisseur (d'objets en or, argent, cuivre, acier, écaille, os, corne.	6	20e	
Polytypage [Fabricant de].	4	20e	
Pompes à incendie [Fabricant de].	4	20e	
Pompes de bois [Fabricant de].	7	40e	
Pompes de métal [Fabricant de].	5	20e	
Pont [Concessionnaire ou fermier de péage sur un].	fixe.		
Dans l'intérieur de Paris.	200 f.	20e	
Dans l'intérieur d'une ville de cinquante mille âmes et au-dessus. . .	100 f.	20e	
Dans l'intérieur d'une ville de vingt mille à trente mille âmes.	75 f.	20e	
Dans les autres communes d'une population inférieure à vingt mille âmes, lorsque le pont réunit deux parties d'une route royale. . . .	75 f.	20e	Proportionnel sur le loyer d'habitation seulement.
D'une route départementale.	50 f.	20e	
D'un chemin vicinal de grande communication.	25 f.	20e	
D'un chemin vicinal.	15 f.	20e	
Porcelaine [Manufacture de], trente francs par four, jusqu'au maximum de 300 fr. . . .	»	$\frac{20e}{40}$	
Porcelaine [Marchand de] en gros	1	15e	
Porcelaine [Marchand de] en détail	5	20e	
Porces pour les papetiers [Fabricant de]. . . .	6	20e	
Portefeuilles [Marchand de].	6	20e	
Portefeuilles [Fabricant de], pour son compte.	6	20e	

PROFESSIONS.	CLASSES et DROITS fixes.	DROITS propor- tionnels.	OBSERVATIONS.
Portefeuilles [Fabricant de], à façon	8	40e	
Porteur d'eau filtrée ou non filtrée, avec cheval et voiture	8	40e	
Porteur d'eau à la bretelle ou avec voiture à bras	exempt.		
Poterie [Fabrique de]	»	$\frac{20e}{25}$	
Trois francs par chaque ouvrier, jusqu'au maximum de 300 fr.			
Poterie de terre [Marchand de]	7	40e	
Potier d'étain	6	20e	
Potier de terre, ayant moins de cinq ouvriers	8	40e	
Poudre d'or [Fabricant et marchand de]	6	20e	
Poudrette [Marchand de]	5	20e	
Poulieur [Fabricant]	6	20e	
Presseur de poisson de mer	4	20e	
Presseur de sardines	4	20e	
Pressoir [Maître de] à manége	6	20e	
Pressoir [Maître de] à bras	8	40e	
Présurier	7	40e	
Produits chimiques [Manufacture de]	fixe.		
Ayant cinq ouvriers et au-dessous	25 f.	$\frac{20e}{40}$	
Et 3 fr. par chaque ouvrier en sus, jusqu'au maximum de 300 fr.			
Professeur de belles lettres, science et arts d'a-grément	exempt.		

PROFESSIONS.	CLASSES et DROITS fixes.	DROITS proportionnels.	OBSERVATIONS.
Propriétaire ou locataire louant accidentellement une partie de leur logement personnel . .	exempt.		
Pruneaux et prunes sèches [Marchand de], en gros	4	20ᶜ	
Prunes sèches [Marchand de].	»	»	Voir Pruneaux.
Puits [Maître cureur de].	8	40ᵉ	
Queues de billard [Fabricant de], pour son compte.	6	20ᵉ	
Queues de billard [Fabricant de], à façon. . .	7	40ᵉ	
Quincaillerie [Fabrique de]	fixe.		
Ayant dix ouvriers et au-dessous. . .	25 f.	$\frac{20ᵉ}{40}$	
Plus trois fr. par chaque ouvrier en sus, jusqu'au maximum de 300 fr.			
Quincailleries [Marchand de] en gros.	1	15ᶜ	
Quincaillier en demi-gros.	2	20ᶜ	
Quincaillier en détail.	4	20ᵉ	
Ramonage [Entrepreneur de].	6	20ᵉ	
Rampiste.	6	20ᵉ	
Raquettes [Fabricant de], pour son compte . .	7	40ᵉ	
Raquettes [Fabricant de], à façon.	8	40ᵉ	
Receveur de rentes.	4	20ᵉ	

PROFESSIONS.	CLASSES et DROITS fixes.	DROITS proportionnels.	OBSERVATIONS.
Recoupe [Marchand de]	»	»	Voir Son.
Registres [Fabricant de]	4	20e	
Régleur de papier	8	40e	
Réglisse [Fabrique de]	fixe.		
Ayant cinq ouvriers et au-dessous . . .	25 fr.	20e	
Et trois fr. par chaque ouvrier en sus, jusqu'au maximum de 200 fr.			
Regrattier	7	40e	
Relais [Entrepreneur de], même lorsqu'il est maître de poste	5	20e	
Relieur de livres	7	40e	
Remoulage [Marchand de]	»	»	Voir Son.
Remouleur ou repasseur de couteaux	8	40e	
Remouleur ambulant	exempt.		
Rentrayeur de couvertures de laine et de coton .	7	40e	
Reperceur	8	40e	
Résines [Fabrique de]	»	»	Voir Brais.
Résines et autres matières analogues [Marchand de] en gros	1	15e	
Résines et autres matières analogues [Marchand de] en détail	5	20e	
Ressorts de bandage pour les hernies [Fabricant de], pour son compte	6	20e	
Ressorts de bandage pour les hernies [Fabricant de], à façon	7	40e	

PROFESSIONS.	CLASSES et DROITS fixes.	DROITS proportionnels.	OBSERVATIONS.
Ressorts de montres et de pendules [Fabricant de], pour son compte.	6	20e	
Ressorts de montres et de pendules [Fabricant de], à façon.	7	40e	
Restaurateur à la carte.	3	20e	
Restaurateur et traiteur à la carte et à prix fixe	4	20e	
Restaurateur et traiteur à prix fixe seulement.	5	20e	
Restaurateur sur coches et bateaux à vapeur.	fixe. 50 f.	15e	Proportionnel sur le loyer d'habitation seulement.
Revendeuse à la toilette, pour son compte. . .	7	40e	
Rognures de peaux [Marchand de]	8	40e	
Rogues, ou œufs de morue [Marchand de] en gros.	1	15e	
Rogues, ou œufs de morue [Marchand de] en détail	5	20e	
Rôtisseur	5	20e	
Roseaux [Marchand de]	7	40e	
Rouettes ou harts pour lier les trains de bois [Marchand de]	7	40e	
Rouge à polir [Marchand de]	»	»	Voir *Émeri*.

PROFESSIONS.	CLASSES et DROITS fixes.	DROITS proportionnels.	OBSERVATIONS.
Roulage [Entrepreneur de]. . . . . fixe.			
A Paris . . . . 300 f.		$\frac{18e}{40}$	
Dans les villes de cinquante mille âmes et au-dessus . . . . 200 f.		$\frac{18e}{40}$	
Dans les villes de trente mille à cinquante mille âmes, et dans celles de quinze à trente mille âmes, qui ont un entrepôt réel. . . . . 150 f.		$\frac{18e}{40}$	Au 15e sur le loyer d'habitation ; Au 40e sur les locaux serv. à l'exercice de la profession.
Dans les villes de quinze mille à trente mille âmes, et dans les villes d'une population inférieure à quinze mille âmes, qui ont un entrepôt réel . . . 100 f.		$\frac{18e}{40}$	
Dans toutes les autres communes. . . . 75 f.		$\frac{18e}{40}$	
Rouleaux [Tourneur de] pour la filature. . . .	8	40e	
Rubans pour modes [Marchand de] en gros . . .	1	15e	
Rubans pour modes [Marchand de] en demi-gros.	2	20e	
Rubans pour modes [Marchand de] en détail. .	4	20e	
Ruches pour les abeilles [Fabricant de], pour son compte	7	40e	
Ruches pour les abeilles [Fabricant de], à façon .	8	40e	
Sable [Marchand de].	8	40e	
Sabotier [Fabricant].	8	40e	
Sabots [Marchand de] en gros	4	20e	
Sabots [Marchand de] en détail	8	40e	
Sacs de toile [Fabricant et marchand de]. . .	6	20e	
Safran [Marchand de] en gros	1	15e	

PROFESSIONS.	CLASSES et DROITS fixes.	DROITS proportionnels.	OBSERVATIONS.
Safran [Marchand de] en demi-gros.	4	20^e	
Sage-femme.	exempte.		
Saleur d'olives.	5	20^e	
Saleur de viandes.	3	20^e	
Salpêtrier.	6	40^e	
Sangsues [Marchand de] en gros.	1	15^e	
Sarraux ou blouses [Marchand de] en gros.	3	20^e	
Sarraux ou blouses [Marchand de] en détail.	6	40^e	
Savetier.	exempt.		
Savon [Fabrique de].	» f.	$\frac{20^e}{25}$	

Trente francs pour une ou plusieurs
chaudières ayant une capacité mini-
mum de trente hectolitres.

Un franc en plus par chaque hectolitre
excédant le chiffre de trente, jusqu'au
maximum de 400 fr.

	CLASSES et DROITS fixes.	DROITS proportionnels.	
	fixe.		
Scierie mécanique. Par chaque cadre. . .	5 f.	$\frac{20^e}{40}$	

Jusqu'au maximum de 150 fr.

Ce droit sera réduit de moitié pour les fabriques
qui sont forcées de chômer pendant au moins quatre
mois de l'année, par manque ou crue d'eau.

Scies [Fabrique de]	fixe.		
Ayant dix ouvriers et au-dessous. . .	25 f.	$\frac{20^e}{40}$	

Plus trois francs par ouvrier en sus,
jusqu'au maximum de 300 fr.

Scieur de long.	7	40^e	
Sculpteur [Artiste-], ne vendant que le produit de son art.	exempt.		

PROFESSIONS.	CLASSES et DROITS fixes.	DROITS proportionnels.	
Sculpteur en bois, pour son compte.	6	20e	
Sculpteur en bois, à façon.	7	40e	
Seaux à incendie [Fabricant de]	5	20e	
Seaux, ou baquets en sapin [Fabricant de], pour son compte.	7	40e	
Seaux, ou baquets en sapin [Fabricant de], à façon.	8	40	
	fixe.		
Sel [Raffinerie de]	100 f.	$\frac{20e}{24}$	
Sel [Marchand de] en gros	1	15e	
Sel [Marchand de] en demi-gros	2	20e	
Sel [Marchand de] en détail.	7	40e	
Sellier-carrossier.	3	20e	
Sellier-harnacheur.	5	20e	
Sellier à façon	7	40e	
Serrurerie [Fabricant de]	»	»	Voir *Ferronnerie.*
Serrurerie [Marchand expéditeur d'objets en]. .	2	20e	
Serrurier entrepreneur	4	20e	
Serrurier non entrepreneur..	5	20e	
Serrurier mécanicien.	4	20e	
Serrurier en voitures suspendues	4	20e	
Sociétés [Fournisseur des objets de consommation dans les].	»	»	Voir *Cercles.*

PROFESSIONS.	CLASSES et DROITS fixes.	DROITS proportionnels.	OBSERVATIONS.
Socques en bois [Fabricant et marchand de]. . . .	7	40e	
Soie [Marchand de] en gros	1	15e	
Soie [Marchand de] en demi-gros	2	20e	
Soie [Marchand de] en détail	3	20e	
Soies de porc ou de sanglier [Marchand de] en gros	1	15e	
Soies de porc ou de sanglier [Marchand de] en demi-gros	2	20e	
Soies de porc ou de sanglier [Marchand de] en détail	5	20e	
Son, recoupe et remoulage [Marchand de].	6	20e	
Sondes [Fabricant de grandes]	4	20e	
Soudes végétales indigènes [Marchand de] en gros.	3	20e	
Soufflets [Fabricant et marchand de gros] pour les forgerons, bouchers, etc.	5	20e	
Soufflets ordinaires [Fabricant et marchand de] .	7	40e	
Souliers vieux [Marchand de]	8	40e	
Sourieières [Fabricant de]	»	»	Voir *Cages*.
Sparterie pour modes [Fabricant de]	5	20e	
Sparterie [Fabricant et marchand d'objets en].	6	20e	

PROFESSIONS.	CLASSES et DROITS fixes.	DROITS proportionnels.	OBSERVATIONS.
Spectacles [Directeur de]			
1° Le quart d'une représentation complète dans les théâtres où l'on joue tous les jours.	»	15e	
2° Le huitième, si l'on ne joue pas tous les jours, et si la troupe est sédentaire.	»	15e	Au droit proportionnel sur le loyer d'habitation seulem.
3° Si la troupe n'est pas sédentaire, c'est-à-dire si elle ne réside pas quatre mois consécutifs dans la même ville. .	fixe. 50 f.	15e	
Sphères [Fabricant de]. . . . . ,	6	20e	
Stucateur	6	20e	
Sucre [Raffinerie de]	fixe. 300 f.	$\frac{20e}{40}$	
Sucre de betterave [Fabrique de].			
Pour chaque chaudière à déféquer, contenant moins de dix hectolitres. . . .	fixe. 40 f.	$\frac{20e}{40}$	
Pour chaque chaudière à déféquer, contenant dix hectolitres et au-dessus. .	60 f.	$\frac{20e}{40}$	
Jusqu'au maximum de 400 f.			
Sucre brut et raffiné [Marchand de] en gros . .	1	15e	
Sucre brut et raffiné [Marchand de] en demi-gros.	2	20e	
Sucre brut et raffiné [Marchand de] en détail . .	5	20e	
Suif [Fondeur de].	fixe.		
Ayant cinq ouvriers et au-dessous . . .	10 f.	$\frac{20e}{20}$	
Et trois francs par chaque ouvrier en sus, jusqu'au maximum de 100 fr.			
Suif fondu [Marchand de] en gros.	1	15e	
Suif fondu [Marchand de] en demi-gros	2	20e	
Suif fondu [Marchand de] en détail.	4	20e	

PROFESSIONS.	CLASSES et DROITS fixes.	DROITS propor- tionnels.	OBSERVATIONS.
Suif en branches [Marchand de].	4	20e	
Sumac [Marchand de]	6	20e	
Tabac [Marchand de] en gros, dans le département de la Corse.	1	15e	
Tabac en feuilles [Marchand de].	1	15e	
Tabac [Marchand de] en détail, dans le département de la Corse	6	20e	
Table d'hôte [Tenant une]	6	20e	
Tableaux [Marchand de].	5	20e	
Tableaux [Restaurateur de].	7	40e	
Tabletier [Marchand].	6	20e	
Tabletterie [Marchand de matières premières, pour la].	3	20e	
Tabletterie [Fabricant d'objets en], pour son compte	6	20e	
Tabletterie [Fabricant d'objets en], à façon. . .	7	40e	
	fixe.		
Taffetas gommés ou cirés [Fabricant de] . . .	50 f.	$\frac{200}{25}$	
Taffetas gommés ou cirés [Marchand de]. . . .	5	20e	
Tailleur [Marchand], avec magasin d'étoffes . .	3	20e	
Tailleur [Marchand], sans magasin, fournissant sur échantillons	5	20e	

8

PROFESSIONS.	CLASSES et DROITS fixes.	DROIT proportionnels.	OBSERVATIONS.
Tailleur [Marchand] d'habits neufs.	5	20e	
Tailleur d'habits, à façon.	7	40e	
Taillandier.	5	20e	
Tambours, grosses caisses, tambourins [Fabricant de].	6	20e	
Tamisier [Fabricant et marchand].	6	20e	
Tan [Marchand de]	6	20e	
Tannerie de cuirs forts et mous . . . . Par mètre cube de fosses ou de cuves, 25 cent., jusqu'au maximum de 300 f.	»	$\frac{20e}{40}$	
Tapis de laine et tapisseries [Marchand de]. . . .	3	20e	
Tapis peints ou vernis [Fabricant de].	fixé. 50 f.	$\frac{20e}{25}$	
Tapis peints ou vernis [Marchand de].	5	20e	
Tapissier [Marchand].	4	20e	
Tapissier, à façon	6	20e	
Teinture [Marchand en gros de matière première pour la].	1	15e	
Teinturier [Pour les fabricants et les marchands]. 3 francs par ouvrier, jusqu'au maximum de 300 francs.	»	$\frac{20e}{40}$	
Teinturier dégraisseur, pour les particuliers . .	6	20e	
Teinturier en peaux	6	20e	
Têtes en carton, servant aux marchandes de modes [Fabricant de].	8	40e	

PROFESSIONS.	CLASSES et DROITS fixes.	DROITS proportionnels.	OBSERVATIONS.
Thé [Marchand de] en gros.	1	15e	
Thé [Marchand de] en demi-gros.	2	20e	
Thé [Marchand de] en détail	4	20e	
Tireur d'or et d'argent.	6	20e	
Tissage mécanique. Par chaque métier, 2 f. 50. Jusqu'au maximum de 400 francs.	»	$\frac{20e}{50}$	
Tisserand.	8	40e	
Tissus de laine, de fil, de coton ou de soie [Marchand de] en gros	1	15e	
Tissus de laine, de fil, de coton ou de soie [Marchand de] en demi-gros.	2	20e	
Tissus de laine, de fil, de coton ou de soie [Marchand de] en détail	3	20e	
	fixe.		
Toiles cirées ou vernies [Fabricant de] . . .	50 f.	$\frac{20e}{25}$	
Toiles cirées ou vernies [Marchand de]. . .	5	20e	
Toiles grasses [Fabricant de], pour emballage.	7	40e	
Toiles métalliques [Fabricant de], pour son compte	5	20e	
Toiles métalliques [Fabricant de], à façon. .	7	40e	
Toiseur de bâtiments	7	40e	
Toiseur de bois.	7	40e	
Tôle vernie [Marchand d'ouvrages en]. . . .	5	20e	
Tôle vernie [Fabricant d'ouvrages en]. . . .	4	20e	

PROFESSIONS.	CLASSES et DROITS fixes.	DROITS proportionnels.	OBSERVATIONS
Tôlier.	6	20e	
Tondeur de draps et autres étoffes de laine. . .	7	40e	
Tonneaux [Marchand et fabricant de].	7	40e	
Tonnelier.	7	40e	
Tontine [Société de].	fixe. 300	15e	
Torcher.	7	40e	
Tourbes carbonisées [Fabrique de]. . . .	fixe. 25 f.	$\frac{20e}{25}$	
Tourbe [Marchand de] en gros	4	20e	
Tourbe [Marchand de] en détail.	8	40e	
Tourbières [Exploitant de]. . . . . Ayant moins de dix ouvriers . . . . . Plus trois francs par chaque ouvrier, jusqu'au maximum de 200 f.	fixe 25	15e	Proportionnel sur le loyer d'habitation seulement.
Tournerie de Saint-Claude [Marchand expéditeur d'articles de].	3	20e	
Tournettes [Fabricant de]	»	»	Voir *Cages.*
Tourneur sur métaux.	6	20e	
Tourneur en bois [Marchand] vendant en boutique divers objets en bois, faits au tour. .	7	40e	
Tourneur en bois [Fabricant] sans boutique. . .	8	40e	
Tourteaux [Marchand de]	3	20e	
Tourteaux [Marchand de] en détail.	6	20e	
Traçons [Maître de].	5	20e	

PROFESSIONS.	CLASSES et DROITS fixes.	DROITS propor- tionnels.	OBSERVATIONS.
	fixe.		
Transport de la guerre [Entreprise générale du].	1000 f.	$\frac{20e}{40}$	
Transport de la guerre [Entreprise particulière de], pour une division militaire. . . .	fixe. 100 f.	$\frac{20e}{40}$	
Transport de la guerre [Entreprise particulière de], pour gîtes d'étape.	fixe. 25 f.	$\frac{20e}{40}$	
Transports militaires [Entreprise générale des]. .	fixe. 1000 f.	$\frac{20e}{40}$	
Transports des tabacs [Entreprise générale de].	fixe. 1000 f.	$\frac{20e}{40}$	
Travaux publics [Entrepreneur de].	50 f.	15e	Au droit propor- tionnel sur le loyer d'habitation seulem.
Tréfilerie en fer ou laiton.	fixe.		
Dix bobines et au-dessous..	25 f.	$\frac{20e}{40}$	
Vingt bobines	50 f.	$\frac{20e}{40}$	
Et quatre francs par chaque bobine en gros numéro, et un franc par bobine d'un numéro fin, jusqu'au maximum de 400 f.			
Tréfileur par les procédés ordinaires.	6	20e	
Treillageur.	7	40e	
Tripier	7	40e	
Truffes [Marchand de].	4	20e	
Tuiles [Fabrique de].	fixe.		
Ayant cinq ouvriers et au-dessous. . .	15 f.	$\frac{20e}{25}$	
Et deux francs par chaque ouvrier en sus, jusqu'au maximum de 100 f.			
Tuiles [Marchand de].	6	20e	
Tuiles [Marchand de] en détail	4	20e	

PROFESSIONS.	CLASSES et DROITS fixes.	DROITS propor- tionnels.	OBSERVATIONS.
Tuyaux [Fabricant de] en fil de chanvre pour les pompes à incendie et les arrosements	4	20e	
Ustensiles de chasse et de pêche [Marchand d']	5	20e	
Ustensiles de ménage [Marchand de vieux]. .	7	40e	
Vaches ou veaux [Marchand de]	4	20e	
Vaisselles et ustensiles de bois [Fabricant et marchand de].	7	40e	
Vanneries [Marchand, expéditeur de].	4	20e	
Vannerie [Marchand de] en détail.	6	20e	
Vannier-emballeur pour les vins.	5	20e	
Vannier. Fabricant en vannerie fine.	6	20e	
Vannier. Fabricant en vannerie commune . . .	8	40e	
Veilleuses [Marchand et fabricant de]	»	»	Voir *Mèches.*
Ventes à l'encan [Directeur d'un établissement de].	1	15e	
Vérificateur de bâtiments.	6	20e	
Vernis [Fabricant et marchand de]	»	»	Voir *Couleurs.*
Vernisseur sur cuivre, feutre, carton et métaux.	6	20e	
Verrerie. Cinquante francs par four de fusion. . Jusqu'au maximum de 300 francs.	»	$\frac{20e}{40}$	

PROFESSIONS.	CLASSES et DROITS fixes.	DROITS proportionnels.	OBSERVATIONS.
Verres blancs et cristaux [Marchand de] en gros.	1	15e	
Verres blancs et cristaux [Marchand de] en demi-gros.	2	20e	
Verres blancs et cristaux [Marchand de] en détail.	5	20e	
Verres bombés [Marchand de].	6	20e	
Verres à vitre [Marchand de].	4	20e	
Verroterie et gobeleterie [Marchand de] en demi-gros.	2	20e	
Verroterie et gobeleterie [Marchand de] en détail.	6	20e	
Vétérinaire.	exempt.		
Vidange [Entrepreneur de].	5	20e	
Vignettes et caractères à jour [Fabricant de], pour son compte	6	20e	
Vignettes et caractères à jour [Marchand de], en boutique	6	20e	
Vignettes et caractères à jour [Fabricant de], à façon	8	40e	
Vinaigre [Marchand de] en gros.	1	15e	
Vinaigrier en détail	4	20e	
Vins [Marchand de] en gros. . . . . Vendant habituellement des vins par pièces ou paniers de vins fins, soit aux marchands en détail et aux cabaretiers, soit aux consommateurs	1	13e 30	Au 15e sur le loyer d'habitation ; Au 30e sur les locaux serv. à l'exercice de la profession.

PROFESSIONS.	CLASSES et DROITS fixes.	DROITS propor- tionnels.	OBSERVATIONS.
Vins [Marchand de], en détail. Vendant habituellement, pour être con- sommés hors de chez lui, des vins au panier ou à la bouteille.	4	20e	
Vins [Voiturier, marchand de].	4	20e	
Vins [Marchand de] en détail. Donnant à boire chez lui et tenant bil- lard	5	20e	
Vins [Marchand de] en détail. Donnant à boire chez lui et ne tenant pas billard.	6	20e	
Vis [Manufacture de] par procédés mécaniques.. Ayant dix ouvriers et au-dessous. Plus, 3 francs par chaque ouvrier en sus, jusqu'au maximum de 300 francs.	fixe. 25 f.	$\frac{20e}{40}$	
Vis [Fabricant de], par procédés ordinaires, pour son compte.	6	20e	
Vis [Fabricant de], par procédés ordinaires, à fa- çon.	8	40e	
Vitrier, en boutique.	6	20e	
Voilier, pour son compte.	3	20e	
Voilier, à façon.	6	20e	
Voiturier.	8	40e	
Volailles truffées [Marchand de].	4	20e	
Volaille ou gibier [Marchand de].	6	20e	

SONT EXEMPTS DE TOUS DROITS PROPORTIONNELS :

Les patentables des septième et huitième classes, résidant dans les communes d'une population inférieure à vingt mille âmes, et les fabricants à métiers ayant moins de dix métiers, et ne travail- lant qu'à façon.

Imprimerie de HENNUYER et TURPIN, rue Lemercier, 24. Batignolles.